Geschrijf

Een bundeltje korte verhalen
naar het leven

siem praamsma

SQUARE CIRCLES PUBLISHING

GESCHRIJF
Siem Praamsma

www.SiemPraamsma.com

Omslag: Syrp & Co.

Fotos

10: Jeanne Albers, blog.seniorennet.be
24: collectie.museumrotterdam.nl
57: visitbathurst.com.au
61: myshoeyear.blogspot.com
65, 102, 106: Shutterstock
81: www.imageevent.com
125: luminous-landscape.com
verdere fotos: publieke domein en Praamsma familie

SQUARE CIRCLES PUBLISHING
P.O. Box 9682, Pahrump
NV 89060, Verenigde Staten
www.SquareCirclesPublishing.com

ISBN: 978-0-9905813-5-2

Inhoud

Inleiding

IN 1984 lag mijn broer Jan in een ziekenhuis in Nederland en wij woonden in de Verenigde Staten. Wij hadden op dat moment geen vast adres en stonden met een caravan in Ventura, Californië, aan de kust van de Stille Oceaan. Ik werkte "thuis"—wat wil zeggen dat ik eens per week, meestal op maandag, tekenwerk ophaalde bij de Hanna-Barbera Studio in Hollywood en dat de volgende maandag klaar terugbracht. Dat is geen sitatie waarbij je even kunt overwippen om te zien hoe je broer het maakt. Ik had met zijn dochter Els in Amsterdam gebeld om te vragen hoe het met hem ging. Dat was in die tijd geen sinecure. Behalve dat er een 9 uur tijdsverschil was tussen de twee lokaties was het toch al omslachtig en nog knap duur ook. Omdat we geen telefoon aan huis hadden moest dat allemaal in een publieke telefooncel, met kwartjes en dubbeltjes gedaan worden en ik had meestal een flinke voorraad *change* (kleingeld) bij de hand. Want in het midden van het gesprek kon er ieder ogenblik een stem door het gesprek heen komen die je aanspoorde om nog een stel kwartjes in te werpen. Ik weet het niet zeker meer, maar ik denk dat het een dollar per minuut kostte.

Ik vroeg hoe het met haar vader ging. Ze zei dat het niet zo best was. Hij had kanker van dat soort waar niet veel aan te doen was. Ze vroeg me onder anderen of ik hem niet een briefje zou willen sturen, want hij had wel naar ons gevraagd. "Iets om hem een beetje op te beuren," zei ze. "Misschien iets vrolijks dat jullie samen meegemaakt hebben." Ik beloofde dat ik dat zou doen.

Jeugdherinneringen. Wat voor vrolijke dingen hadden Jan en ik samen meegemaakt? Hij was drie jaar ouder dan ik, en ik ging inderdaaad meer met Jan om dan met mijn oudste broer Roelof, die zes jaar ouder was en zijn eigen vrienden en kennissen had. Voor Roelof was ik het kleine broertje, dat alleen maar in de weg zat van zijn sociale leven.

Onze grootouders waren Gereformeerd en wilden dat we de zondagschool bezochten, omdat ze vreesden dat wij niet genoeg kerkse invloed op ons leven hadden. Onze Pa en Moe waren namelijk niet godsdienstig, maar dat nam niet weg dat we zo nu en dan toch naar een zondagschool gestuurd werden omdat ze ook wel eens van een vrij uurtje wilden genieten, en dan gingen Jan en ik samen. We waren er niet gek op. We vonden het een beetje gênant. Ik kan me niet herinneren dat Roelof ooit met ons mee ging. Was dat misschien iets om over te schrijven?

Ik begon met wat nu de titel "Opvoeding" draagt, en stuurde het naar Els. Na een dag of tien belde ik haar op, om te vragen of ze het ontvangen had. "Nou zeg!" zei ze. "Hij heeft liggen schuddebuiken van het lachen! Hij is helemaal opgefleurd! Zo kan je er nog wel een paar sturen!"

Ik volgde op met: "Bruun, de Beer" en later "Dubbel Weergekregen." Ik begon er zelf plezier in te krijgen. Ik dacht: als Jan mijn stukjes aardig vindt, zijn er misschien ook wel anderen die ik er een lol mee kan doen.

Daarom bestaat dit boekwerkje.

Hartelijk dank aan mijn dochter, Saskia Praamsma, en haar echtgenoot, Matthew Block, die dit boekje in elkaar hebben gezet.

Siem Praamsma
Pahrump, Nevada
augustus 2014

De familie Praamsma in Amsterdam omstreeks 1927. [L-R] Broer Jan, moeder Jeltje Bommer, broer Roelof, Simon (Siem), en vader Roelof

Opvoeding

ALS een betalend lid van het Californische tekenfilm-
vakverbond werd ik op een dag gedwongen te staken. Het leek mij
een oefening in futiliteit, want ik geloof nooit dat die vakbondleiders
altijd maar weten wat ze doen. Er bleef echter weinig anders over
dan thuis blijven wachten tot hun spelletje uitgespeeld was. Terwijl
ik dit ongeduldig zat te doen kwam er ineens in mijn herinnering
een boekje boven waarmee wij als heel jonge kinderen te lezen gezet
werden. Het was getiteld:

HET GEZIN VAN DEN STAKER

en ik vermoed dat dit werkje ons verstrekt geworden was door een
door ons wel eens bezochte zondagschool. De reden voor dit vermoeden is, dat het hier een godvruchtige staker betrof, waardoor ik
uitsluit dat het ons via de AJC, de Jeugdorganisatie van de Sociaal
Democratische Arbeiderspartij in handen liep. Ook kan ik met zekerheid beweren dat het niets met de katholieke leer te maken had,
want met die goddeloze jongens mochten wij nog niet eens knik-
keren, laat staan besmettende geschriften van accepteren.

1

Deze staker had eveneens een duidelijke tegenzin in het gestaak, maar waar mijn aversie op laag-bij-de-grondse economische basis stond, stond de zijne op een Hoger Plan, en had te doen met een mogelijk vergooien van de kans op een toekomstig hemelverblijf. Hem was klaarblijkelijk voorgehouden dat een Baas maar heel even onder God geplaatst was (nog net even onder dominee), en dat daardoor staken gelijkgesteld diende te worden met schromelijke afvalligheid, ongehoorzaamheid en opstandigheid.

In hoofdstuk I werd de werkman door zijn (ongetwijfeld rode) medewerklui bij het hek van de fabriek weer naar huis gestuurd, want met zo'n bord lopen wou hij niet en hem erin laten wilden zij niet. De aldus gefrustreerde man keerde dus onverrichterzake terug naar zijn woonstede en meldde het tragische nieuws aan moeder de vrouw.

Nou, veel gespaard had de vrijer blijkbaar ook al niet, want Moe zei gelijk, 'Wat moeten we nou?', woorden die welhaast zonder uitzondering op een monetaire krisis wijzen. Het werd Pa hierdoor meteen duidelijk dat hij er niet onderuit zou komen om brood op de plank te doen verschijnen, staking of geen staking. Gelukkig was Redding al nabij, al wisten ze dat toen nog niet. Het kwam namelijk in de vorm van Zoon, die we nu voor het eerst ontmoeten.

Zoon, zonder twijfel geleid door Den Heiligen Geest, wist ergens hout te krijgen voor haast niets, en Haast Niets was blijkbaar een vrij nauwkeurige beschrijving van de financiële omstandigheden waarin dit vrome gezin zich bevond. Om kort te gaan, bakfiets gehuurd (op de lat) en door de Nederlandse Spoorwegen aan hun lot overgelaten bielsen opgehaald. Biddend bijlden Pa en Zoon biels na biels met een geleende bijl tot keurige kachelhoutjes, die later, in bundeltjes, op dezelfde bakfiets, huis aan huis verleurd werden.

Tot hun—en onze—verbazing vlogen deze houtjes de kar uit, om maar eens een aardige beeldspraak te gebruiken. Het gevolg was, dat toen Pa aan het eind van de week de kas opmaakte, hij zeker tweemaal zoveel geld gebeurd had als wat hij op de fabriek gedaan zou hebben. Nog een week van dit gedoe en hij kon haast zelf een bijl kopen!

Deze brandstofhandel liep wekenlang gesmeerd, tot volle tevredenheid van alle betrokkenen. Vergeet niet dat deze bundeltjes nooit blijvertjes waren, maar haast zonder dralen door de schoorsteen gejaagd werden, aanleiding gevend tot een hoop repeteer-orders. God hielp ook een handje, want het was winter, en Hij hield het goed koud zolang die stakende rooie opsodomieters niet tot rede gebracht waren.

Na een flink aantal weken van dit soort meevallertjes ging de fabriek weer open. En nou zou je misschien denken dat Pa, met z'n pas gecreëerde vette bankrekening, zijn oude betrekking nog met de nek niet zou willen aankijken. Maar dan hebben we buiten de waard gerekend. Pa marcheerde, samen met zijn vuurrode makkers, braaf het hek weer binnen. Ongetwijfeld weer geleid door Den Heer liet hij zijn nog-maar-net-ontknoopt bedrijf gewoon barsten en zijn nog-maar-zo-kort-geleden-verworven klantenkring in de kou modderen met inferieur, dichte-rook-veroorzakend aanmaakhout, dat waarschijnlijk nog niet eens zo prettig in de prijs lag ook. Geen wonder dat ik, die toen nog maar net lezen kon, de titel voor lange tijd misgelezen heb als, *"Het Gezin Van Den Stakker."*

Ik ben er haast zeker van dat Pasen, Pinksteren, Kerstmis en Hemelvaartsdag aanleiding waren tot het gulle uitreiken van deze Stichtelijke Boekjes, hoewel het successvol reciteren van uit-het-hoofd-geleerde bijbelteksten ook wel iets te maken gehad zou kunnen hebben met deze goedgeefsheid. Want deze geschenkjes waren toch niet voor de poes, met hun hard-kartonnen kaftjes en vierkleurendruk plaatjes, allemaal in 1927?

Nog twee van deze literaire ontboezemingen komen mij nu voor de geest, *Bruun, de Beer* en *Dubbel Weergekregen*. Al deze verhaaltjes behelsden een niet-te-miskennen Gristelijke Inslag, want de hoofd-personen konden haast het koffiezetten nog niet zonder gebed af. Natuurlijk kwamen er ook de nodige Ongelovigen en Afvalligen in voor, maar die waren uiteraard nodig om de spanning erin te houden. Het staat mij bijvoorbeeld heel helder bij, dat er een jongedame in uitgebeeld was, die een glas Port gedronken had. Niet zomaar wijn, maar Port! En daar bleef het niet bij, want ze was ook nog gaan dansen. En bidden ho maar. Zij was dan ook door Den Here volkomen aan haar treurig lot overgelaten. Een andere waaghals had de kans op het hiernamaals onverschillig in de wind gesmeten door zich te laten verleiden tot bioskoopbezoek, samen met een alreeds verloren ziel, en zijn religieuze vorming door Rin Tin Tin, of Tom Mix, of misschien zelfs wel Laurel en Hardy te doen aantasten. Een dwaze en onbezonnen handeling, die menige ouder de rillingen over het godvrezend lijf moet hebben doen lopen.

* * *

BRUUN, DE BEER

Bruun was een lichtbruin speelgoedbeertje met rode voetjes en kraaloogjes, niet buitengewoon verschillend van andere speelgoed beertjes, behalve dat het door konstant spelen en liefhebben goed versleten was door een ziek, doch godvruchtig knaapje, dat ergens op de tweede verdieping van een onbestemd pand zonder veel succes beter trachtte te worden, maar daartoe verhinderd werd door een gebrek aan versterkende middelen. De patient liet Bruun helaas op een dag op onvoorzichtige wijze uit het raam storten, waardoor het diertje op treurige manier aan zijn eind gekomen zou kunnen zijn, omdat er pal onder dat raam een gracht liep, waardoor het niet denkbeeldig geweest zou zijn dat Bruun nooit meer boven water gekomen ware.

Maar de Hand des Heren maakte, dat precies daar waar het beertje viel, al jarenlang een paal boven het water uitstak, met, geloof het of niet, een puntige spijker rechtop uit deze paal verrijzend. De functie van die paal en de spijker werd niet nader verklaard, maar het werd spoedig duidelijk dat er hier een Hogere Hand aan het werk was, wat het stellen van onnozele vragen overbodig maakte. Gods wegen zijn nu eenmaal ondoorgrondelijk; waarom aandringen op verklaringen? Laat het genoeg zijn dat er al jaren aan deze omstandigheid gewerkt was, zodat Bruun niet in het water viel, maar met zijn versleten gatje precies op die spijker terecht kwam, waardoor het net leek of hij daar gewoon zàt terwijl niemand vermoedde dat hij op onkomfortabele wijze op z'n plaats gehouden werd door die roestig zetpil.

Bruun zat daar nog geen dag of er kwam een boot langs, bestuurd door een ongelovige schipper, die Bruun van het paaltje afpikte en mee in de kajuit nam, zonder twijfel met het voornemen om hem aan een van zijn vele net zo goddeloze neefjes kado te doen. Maar één sekonde voordat hij in zijn kajuit binnenstapte maakte de Heer dat hij even omhoog keek, waardoor hij het niet kon helpen het zieke, hulpeloze, nu nog van zijn speelmakkertje verstoken jochie te zien liggen.

Op datzelfde moment gaf de Heer deze niet-tot-enige-kerkbehorende schipper in, Bruun weer helemaal op te knappen, door het installeren van gloednieuwe voetjes en oogjes, en hem gestoomd en al te retourneren, samen met een flinke zak boodschappen, want het jochie z'n moeder was een arme weduwvrouw, die het met zo'n meevallertje best kon doen, gezien de gezondheidstoestand van haar kotertje, terwijl die schipper het best lijden kon.

Het leek wel of het merendeel van die diepgelovigen in deze boekjes arme weduwes waren, en nooit kinderloos. Het soort dat geld had, en misschien een flink huis, behoorden vrijwel zonder uitzondering tot de groep die hoog nodig bekeerd moest worden. Die kwamen dan ook zonder veel dralen tot beter inzicht door het Goede Voorbeeld van de Weduwes.

* * *

DUBBEL WEERGEKREGEN

Het vierkleurenplaatje op het kaftje van dit boekje vertoonde een hevige sneeuwscène. De sneeuwvlokken waren zo overtuigend groot dat ik, in m'n jonge onnozelheid, voor lange tijd dacht dat de titel iets met de weersomstandigheden te doen had, zoiets als "Twee keer zo koud vandaag" of "Dubbele sneeuwvlokken vielen vandaag in Haarlem," of iets anders doms. Natuurlijk was dat niet zo. Het had te maken met iets geven en daarna tweemaal zoveel terugkrijgen.

Hier hadden we namelijk weer Arme Weduwvrouw met Stel Kinderen. Ze verdiende de schrale kost met het repareren van kledij, of misschien zelfs wel het voortbrengen van jurken van meet af aan, dat staat me na al die jaren niet helder meer voor de geest. Misschien vond de auteur het niet belangrijk genoeg en volstond eenvoudig met "naaiwerk". Het was ook niet belangrijk, want het ging hier niet om de handigheid die de weduwe met naald en draad had, maar om een zekere liefdadigheid die ze bedreef, en die ze zich absoluut niet kon permitteren.

Het was een paar dagen voor Kerstmis en onze weduwe had net weer een stoot werk klaar en stond dit, bij de aanvang van deze geschiedenis, af te leveren aan de achterdeur van Het Grote Huis. De voordeur was natuurlijk bestemd voor een heel ander soort bezoekers, ofschoon het aannemelijk is dat die nog niet half zo sterk in Den Here waren.

Enfin, de dienstbode pakte de spullen aan en verdween door de marmeren hal, want die mensen hadden zelfs marmer in de achtergang. Even later kwam ze terug om te zeggen dat het zo goed was en dat haar Mevrouw het wel zou gireren. Dat zat onze weduwe echter niet lekker, want ze had nog maar een tientje op zak, en daar kom je niet ver mee over de Kerstdagen, zelfs niet in 1927 of daaromtrent. Ze vroeg daarom of ze, gezien haar financiële omstandigheden, niet vandààg betaald kon worden.

De meid stapte, waarschijnlijk met gegronde twijfel in het hart, terug door de luxe gang, om even later weer te verschijnen met dezelfde boodschap, vergezeld door de aanmaning om niet zo opdringerig lastig te zijn, mede met het oog op toekomstige *business*.

Zuchtend droop de weduwe af en begon de terugkeer naar haar onverwarmde woning, waar haar bloedjes zaten om te komen. Dat zal dat plaatje wel geweest zijn, met die kanjers van sneeuwvlokken.

En nu komt de moraal van het verhaal. Terwijl ze treurig liep te bedenken wat ze nu toch in jezusnaam moest doen voor de Kerst werd ze aangeklampt door een in zeemanskleren gehuld manspersoon, die de ene na de andere voorbijganger (vergeefs) om geld aan het vragen was. Toen hij echter bij onze godvrezende Heldin terecht kwam, en haar uitlegde dat zijn vrouw aan het ziekbed gekluisterd was en dat hij een tientje nodig had om naar haar zijde in Den Helder te ijlen, trok onze weduwe zonder aarzelen haar versleten portemonnee open en gaf, zonder ook maar één gedachte aan de toekomst te wijden, haar enige tien gulden aan de zeeman, die snel verdween in de richting van het station. Einde hoofdstuk.

Bij de opening van het volgende hoofdstuk zit ons vrouwtje in haar ijskoude pand met haar hoestende kindertjes in hun afdankertjes om de scheluwe tafel te blauwbekken. De kinderen verrekken van de honger, want die hadden natuurlijk op *taai-taai* gerekend, niet vermoedend dat Moe geldelijke steun aan een lid van de maritieme gemeenschap verstrekt had.

De weduwe, haar prachtige ogen vol vertrouwen naar Boven gericht, begint wat te bidden. Ook de kinderen krommen krakend de kootjes in gebedsformatie. Ze slijten een goed deel van de dag op deze manier, met de wind fluitend door de kieren van hun slechtgebouwd hulkje en met de sneeuw dwarrelend door de gaten in het dak. (Had ze een godvruchtige huisbaas gehad, dan had dit niet zo'n vaart gelopen. Iedereen weet, dat ter-kerke-gaande huisbazen hun daken altijd in orde hebben, in tegenstelling tot niet-godvruchtige huisbazen, die hun vastgoed gewoon laten wegrotten en alleen maar grijnzend naar de Bank hollen met hun op oneerbare wijze verkregen buit.)

Nauwelijks hebben ze voor de twintigste keer tussen de blauwe lippen door "amen" gefluisterd, of er wordt geklopt, want met de onbetaalde elektriciteitsrekening was bellen er natuurlijk niet bij.

De weduwe stopt lang genoeg met bidden om naar de niet-geoliede deur te gaan, en die piepend en krakend te openen. Wie staat daar? Is het de Rijke Mevrouw, die spijt heeft en toch nog even het naailoon komt aanreiken? Mis! Het is de Zeeman. Niet alleen geeft hij de terecht dankbare weduwe haar tientje terug, maar hij heeft ook een kolossale duffelse zak bij zich, tot de rand gevuld met voedsel en opwindende presentjes voor de kinderen.

En daar blijft het niet bij. De zeeman, die eerst een Ruwe Bonk was (God alleen weet waarom-ie zonder geld zat een paar dagen geleden?), wordt door de weduwe rap bekeerd en viert Kerstmis met de hele familie in de kerk, na eerst nog even samen bij de kolenboer langs te zijn geweest.

Een paar andere dingen worden me plotseling duidelijk. Die weduwes, die door ons zes-jaar-oude lezertjes voor stokoude vrouwen aangezien werden, met hun zwarte jurken tot op de grond en omslagdoeken om de schouders, kunnen in wezen niet veel ouder geweest zijn dan vijf- of zes-en-twintig, gezien het feit dat ze altijd omringd waren door kleine snottebellen.

Ook is het mij in de loop der jaren opgevallen dat er, gezien het aantal in kommerlijke staat verkerende weduwes, in die tijd een nijpend gebrek moet zijn geweest aan godvruchtige, gezonde, huwbare mannen van onder de dertig. Die zeeman, met zijn ziekelijke echtgenote, was vast niet achterlijk, en zal die weduwe nog wel eens vaker opgezocht hebben met wat proviand. En die schipper uit *Bruun de Beer* kwam daar natuurlijk tóch wel meer in de buurt. Dat aspekt van de samenleving werd door de Boekjes echter nooit aangeroerd.

Californië, 1984

* * *

ADDENDUM 2001

Er zit nog een staartje aan *Dubbel Weergekregen*. Toen ik vijf en twintig was stond ik eens bij het Centraal Station in Amsterdam in de rij, achter een manspersoon die een kaartje Groningen besteld had. Toen het betalen geblazen was, bleek het dat hij zeven gulden te kort kwam. Ter plekke zag ik voor mijn geestelijk oog de weduwe haar laatste tientje overhandigen, kompleet met het hoogst bevredigende resultaat van haar ondoordachte handeling. Ik liet dan ook geen seconde voorbij gaan, maar rukte resoluut een briefje van tien uit m'n portefeuille en reikte het de Groninger aan, tezamen met m'n visitekaartje met m'n naam, adres, telefoon- en gironummer. De dankbare reiziger ontving zijn reisbiljet, schoof de rij uit en verdween in de menigte.

Toen ik dit tedere voorval aan mijn vrouw vertelde zei ze meteen: "Dat geld zie je nooit meer terug." Ze was toen al erg wantrouwig en dat is ze altijd gebleven.

Maar ik weet wel beter. Ik heb een heel wat minder rauwe opinie over de mensheid. Ik ben nu in de tachtig, maar ik heb het volste vertrouwen dat de Groninger vandaag of morgen mijn bij ongeluk misplaatste visitekaartje zal weervinden en mij dankbaar terugbetalen. Niet alleen m'n tientje (want dat is door de inflatie en de rente onderhand duizend gulden geworden), maar met een flinke zak lekkernij, die ik helaas niet meer mag eten vanwege de lijn.

Maar wie weet, misschien kan ik daar dan nog een vijf en twintigjarige weduwe een plezier mee doen. Ieder jaar, tegen de Kerstdagen, wacht ik op de klop op de deur, die zeker komen gaat.

Opvoeding II

IN de kringen waar ik uit voortkwam was het niet de gewoonte een eigen huis te hebben. Eigenlijk werd er op huizenbezit stevig neergekeken, alsof het iets gedegenereerds gold. Ik heb later wel eens gedacht dat deze "kringen" misschien beter betiteld hadden kunnen worden met "vierkanten," waarschijnlijk onder de invloed van het Engelse *squares,* wat een veelzeggend woord is.

Als bezit van een huis een soort laffe daad was, erger was het hebben van meer dan één huis. Dat betekende dat je dat extra huis verhuurde aan mensen die door omstandigheden buiten hun schuld nooit aan huizenbezit toe hadden kunnen komen en die zich het huurbedrag eigenlijk ook niet konden veroorloven. Niet dat ze ooit zelf een huis zouden willen bezitten, begrijp me goed. Huren van een woning stond op dezelvde voet als degelijk en fatsoenlijk, terwijl *ver*huren te vergelijken was met minne inhaligheid. Dan sloop het woord "huisjesmelker" in de conversatie van de ouderen, en ik, klein potje, luisterde naar deze wijze woorden met grote oren en begreep dat je practisch een pariah was met zo'n walgelijke levenswijze.

Want als kind denk je, soms voor een veel te lange tijd, dat je ouders en hun vrienden de wijsheid in pacht hebben en het kan tientallen jaren duren voordat je door begint te krijgen dat er ook hele domme ouders bestaan en dat alles wat je gehoord hebt wel eens helemaal niet zo zou kunnen zijn. En dat termen zoals "huisjesmelker" benut werden om onmacht te verbergen. Onmacht om de werkelijkheid van de grote wereld te lijf te gaan. En dat er daarom wel eens een flinke dosis jalouzie aan te pas gekomen zou hebben kunnen zijn.

Een kind krijgt door het aanhoren van dit soort kolder heel verkeerde opvattingen en ideeën in zijn leven mee, starre denkbeelden die hem, omdat hij op den duur zèlf de rauwe wereld in moet, jarenlang kunnen tegenhouden als hij gefrustreerd om zich heen kijkt en de dingen niet vindt zoals hij dacht dat ze waren.

Over huizenbezit zal ik het later nog wel eens hebben, maar dit verhaal gaat hoofdzakelijk over de vermeende wijsheden, die een kind opdoet van zijn ouderen en beteren, en waar hij waarschijnlijk veel beter zonder had gekund in zijn latere leven.

Tijdens mijn vorming, die in Nederland had plaatsgevonden, was het mij bijvoorbeeld volkomen duidelijk geworden dat alles in de wereld puntje precies geregeld is, en dat daar weinig aan te veranderen valt. Iemand wordt geboren, leert iets op een school, kiest een beroep, en na gepaste tijd, sterft. Het kiezen van een beroep was een fenomeen dat "Beroepskeuze" heette. Koos je kruidenier, dan kwam daar Warenkennis aan te pas, hetgeen inhield dat je je op de hoogte stelde van de eigenaardigheden van suiker, bloem, margarine, keukenstroop en kletskoppen, zodat je een Examen kon doen en een Diploma verwerven dat je in staat stelde zonder ongelukken een officiële kruidenier te zijn. Maar je kon ook C&A kiezen en dan moest je bekend gemaakt worden met uitverkoopswetten, en maten van pakken, soorten schoenleer en lengte van veters. En nog veel meer, natuurlijk.

Als slager moest je natuurlijk weten of je met een koe, een schaap of een varken te maken had, en hoe je die in aantrekkelijk uitziende mootjes kon hakken en etaleren. Alleen als je een *kosher* slager was hoefde je niks van varkens af te weten; daarvan was je om religieuze redenen geexcuseerd. Maar dan zat je weer met dat slachten, want dat kon niet op de gewone manier. Overal waren regels voor, en lang niet alles was even eenvoudig. Ondanks dat; als je eenmaal wist hoe het in zijn werk moest gaan, kon er weinig meer gebeuren, zodat de wereld zonder hindernissen verder kon draaien.

Nu hadden sommige mensen het ongeluk bij Beroepskeuze schillenboersknecht te kiezen en dan was je wel even slecht af, want daar zat je dan mee met de rest van je leven. Want als je alles van te voren geweten had had je natuurlijk veel beter effectenmakelaar kunnen worden, maar daar was het helaas nu te laat voor. Nu was het wèl zo, dat de wereld toch ook schillenboersknechten nodig had, en misschien eigenlijk nog wel meer dan effectenmakelaars, en dat er dus een Instantie moest zijn die dit allemaal tot ieders tevredenheid kon regelen.

Ik had gededuceerd dat er zich in de hoofdstad van ieder land, waar ook op aarde, zulk een Instantie moest bevinden. Voor Nederland was dat Den Haag, hoewel het eigenlijk Amsterdam had moeten zijn, maar die stad had om duistere redenen de eerste plaats verloren ten gunste van Den Haag. Daar zat dus de Regering die de beschikking had over grote gebouwen, plus de nodige ambtenaren om die te bevolken.

En daar, in Den Haag, in een van die grote gebouwen, bevonden zich stapels grote boeken die door ernstige mannen nauwkeurig bijgehouden werden. Stel dat je sigarenwinkelier wilde worden in Zwaagsteinerveen. Je had je Examen gedaan, waardoor de mannen wisten dat je alles wist van tabak, sigaren en sigaretten en dat je je Middenstandsdiploma gehaald had, zodat ze zich niet druk hoefden te maken of je je boeken wel kon bijhouden. Die had je uiteraard nodig om uit te rekenen hoeveel belasting je, weliswaar langs een omweg, aan die mannen moest betalen, zodat ze hun ernstige bezigheden op gepaste voet zouden kunnen blijven volhouden.

Dan werd er eerst in een van die grote boeken opgezocht of dat wel *ging*. Want het zou wel eens kunnen dat het sigarenwinkeliersquotum in Zwaagsteinerveen vol was. Dan moest je even wachten tot er één doodging. Terwijl je daarop wachtte moest je het met een werkloosheidsuitkering doen.

Nu kon je nog wel, als je Timmerman gekozen had, en net van de Ambachtschool kwam, héél kort iets anders doen als je niet meteen in je gekozen beroep terecht kon. Dan werd er, als je nog jong genoeg was, even de hand gelicht door de Haagse Instantie en dan kon je, om maar wat te zeggen, een maand of wat bij een apotheek je tijd doorbrengen op een mandfiets, en medicijnen distribueren. Maar dat moest niet te lang duren, want dan bracht je die mensen in dat Gebouw in ongelegenheid en dan kon de wereld niet perfect draaien. Zó zat alles in elkaar.

Het was zeker zo goed geregeld als de Burgerlijke Stand, die Instanties en Afdelingen in staat stelden zich binnen weinige seconden van te overtuigen of je wel geboren was, en waar, of je Gereformeerd was of Doopsgezind of Joods, en wat je tegenwoordige adres was, of je getrouwd was, en met wie, en hoeveel kinderen je had, en waar die geboren waren, en hoe die heetten; alles en alles en alles.

De werkers van de Burgerlijke Stand stonden natuurlijk ook dagelijks in verbinding met Burgerlijke Standen in de rest van de wereld, zodat iedereen die leefde, waar dan ook, doorlopend omringd was met de goede zorgen van deze Onmisbare Mannen.

Met zo'n inslag is het niet verstandig te gaan emigreren, en zeker niet naar Australië. Want een van de meest opvallende afwijkingen van dit vermeende vertrouwde systeem was, dat je in Australië geen Burgerlijke Stand *had*, waardoor niemand in Canberra (waar hun Grote Boeken behoorden te zijn) ook maar enig idee had waar je uithing. Je kon gaan en staan waar je maar wilde en er was niet eens ergens een Bureau waar je je melden kon. Het leek net of het niemand ook maar een zak kon schelen of je er was, of niet, en helemaal niet wàààr. Je voelde je echt een beetje in de steek gelaten. Want, of je het nou leuk vindt of niet, het geeft toch een zeker gevoel van veiligheid, zo'n Bureau, als je daarmee opgegroeid bent. Dat gevoel slijt natuurlijk op den duur, maar in het begin had ik daar nog wel eens moeite mee.

Maar dat was niets vergeleken met de ervaring die ik op een dag had en die te maken had met het Grote Boek in Den Haag, waarin je Beroepskeuze onverbiddelijk opgeschreven stond.

Toen wij in Queensland woonden maakte ik wel eens een praatje met onze kruidenier, als ik sigaretten kocht op weg naar het treinstation. Ik was de schok al te boven van de schappen met sigaretten die hier, waarschijnlijk zonder dat ze daar in Canberra weet van hadden, openlijk verkocht werden, terwijl het eigenlijk geen sigarenwinkel was! Maar het was nogal afgelegen, waar wij woonden, en misschien kwam er niet dikwijls een inspecteur langs. Op een maandagmorgen stond er een totale vreemdeling achter de toonbank.

"Is meneer Flaggerty ziek?" vroeg ik bezorgd, want ik mocht deze Ier wel.

"Nee, hoor! Hij heeft een slagerij gekocht in Brisbane."

"Een slagerij?" vroeg ik ontzet, met m'n wenkbrauwen tot in m'n kruin en m'n ogen als schoteltjes. "Maar hij is toch kruidenier?"

De nieuwe kruidenier keek mij met een half-ongelovige blik over zijn brilletje aan. "Vandaag kruidenier, morgen slager, overmorgen kantoorboekhandelaar. Wat maakt dat nou voor verschil?"

"Maar moet hij dan niet een Examen doen, als slager?"

"Examen?"

"Ja, hij moet toch alles weten over vlees en vleeswaren en zo? Hij weet alleen van suiker, en koffie, en thee!"

De man moet wel een vreemde indruk van mij gekregen hebben. Behalve dat er in Australië geen Burgerlijke Stand bestaat (zoals in vele landen het geval is, leerde ik later) bestaat er ook geen Warenkennis. Ze geloven daar dat als jij denkt dat je het wel redden kunt als schoenwinkelier, ofschoon je tot en met gisteren electricien was, dat dat jouw zaak is en dat het je vrij staat om failliet te gaan, als dat in je sterren staat. Daar mengen zij zich niet in.

Ik vertelde het nieuws van de kruidenier/slager later aan m'n vrouw. Tot mijn verbazing gaf ze haast tot op de letter hetzelfde antwoord als onze nieuwe kruidenier, die god-weet-wat gedaan had voordat hij deze zaak kocht.

Maar mijn wereld was ineengestort. Ik ben er dagenlang suf van geweest.

Mooier

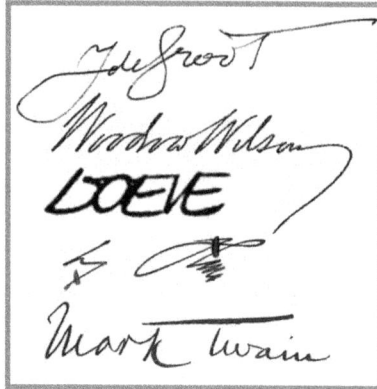

AAN het prille begin van de oorlog moest iedereen plotseling gebrandmerkt worden door middel van een persoonsbewijs. Zo'n document maakte het makkelijker voor de Duitsers om je in de gaten te houden en om in één oogopslag te zien of je geen jood was, want die vijanden der maatschappij kregen er een flinke "J" bij op gedrukt.

Je moest dat ergens op tijd gaan halen bij een officiële instantie en er werd van je verlangd dat je er onder hun ambtenaarlijk toezicht een handtekening op zette. En hier gaat het nu om. Op die handtekening was ik in het geheel niet verdacht, want ik had er geen. Ik was nog niet oud genoeg om al een papier van enig gewicht voortgebracht te hebben. Een bankrekening had ik ook nog niet, want ik achtte het onzinnig om voor twee gulden zes en vijftig een hoop papierwerk op stapel te zetten en ik weet haast wel zeker dat het Nederlandse Bankwezen mij daar nog steeds dankbaar voor is.

Ik had al vaak met ontzag diverse handtekeningen bestudeerd; het soort krullerig en streperig ontwerp dat maar gedeeltelijk of zelfs helemaal niet leesbaar is en eindigt in een steeds platter wordend slangetje deed mijn hart sneller kloppen. Ook stond mij de varieteit wel aan die alleen een gestyleerde hoofdletter had en verder wat krasjes. Strepen eronder deden me niets, maar ik was enorm jaloers op mensen met een "t" in d'r naam, want die konden wonderen doen door die horizontale streep over de hele zaak heen te trekken.

Mijn vader, om wat aardigheid in zijn handtekening aan te brengen, maakte altijd de "s" van sma wat hoger dan de rest, en gaf aan de laatste "a" een krul omhoog, over de "m" en al heen, net een kwispelstaart. Wat me stak aan dit ontwerp was dat iedere letter volkomen leesbaar was. Ik keek wel eens op rapportkaarten van jongens in mijn klas en dan kon ik m'n jalouzie haast niet verbergen als ik die verscheidenheid van originele ontwerpen zag die andere vaders daarop ten toon spreidden. Maar m'n moeders handtekening was nog veel erger. Die kon je met de beste wil van de wereld niet onder de rubriek 'handtekening' thuisbrengen. Zij schreef in dat ronde meisjeshandschrift dat ze in haar tijd op school leerden en je kon er zeker van zijn dat ieder lettertje tot in de puntjes uitgevoerd was. Zelfs de pretentie van originaliteit ontbrak hier. Als m'n moeder m'n rapportkaart getekend had liet ik hem voor geen goud aan iemand zien.

Daar stond ik dan ineens met een pen in de hand en een ongeduldige, strenge ambtenaar met een wijsvinger tikkend op de stippellijn, "U moet hier tekenen."

"Ik heb geen handtekening," zei ik op timide toon, hopende dat dit mij van deze officiele plicht zou ontslaan. Maar dat had ik mis.

"U kunt toch schrijven?" vroeg hij, met een hint van twijfel.

"Ja, maar . . ."

"Schrijft U uw naam dan maar gewoon hier op dat lijntje." Ik begreep dat ik er niet onderuit kwam, dus deed wat mij geboden werd, maar mijn hart was er niet in. Het resultaat was dan ook bedroevend. Dit was geen handtekening. Dit was een onder officiële druk gewoon opgeschreven naam, onartistiek, oninteressant, volkomen leesbaar en totaal onaanvaardbaar.

Een van de grote kunstenaaars van die dagen was Eppo Doeve, die op ongeëvenaarde wijze de AVRO Radiobode illustreerde. Niet alleen dat ik zwijmelde over zijn unieke stijl van pentekenen, ik was ook helemaal weg van de manier waarop hij zijn werk ondertekende: allemaal hoofdletters die perfect aan elkaar gemetseld leken. Omdat ik ook een enkele keer wel eens een tekening maakte had ik al vaak geprobeerd met de letters van mijn naam iets dergelijks te produceren, maar dat bleek niet eenvoudig. Het stond aardig als je vijf letters in je naam had, zoals hij, maar als je er acht had, zoals ik, leek het nergens op. Bovendien zat ik met al die "a"s en die "m"s. Maar na veel mislukkingen had ik op een dag een redelijk ontwerp, dat gegarandeerd niet te lezen was, zoals dat een zichzelf respecterende handtekening betaamt. Ik had voor de eerste helft hoofdletters gebruikt en de rest in een interessante zigzag krabbel laten ontaarden. Hierdoor had ik het beste van twee werelden: Ik had zowel m'n zo begeerde aan elkaar gemetselde hoofdletters als m'n onleesbare slangetje. Om m'n minachting voor onderstrepingen te tonen en gedeeltelijk om dwars te zijn zette ik er twee kleine diagonale krasjes onder.

Ik begon op deze manier mijn brieven te ondertekenen en na een paar jaar wist ik niet beter. Ik behoorde nu tot de wereldwijze mensen die een gedistingeerde handtekening hadden.

De dag kwam dat ik mijn eerste bankrekening opende, want een mens heeft wel eens over meer dan twee gulden vijf en zestig de beschikking. Hiervoor moest ik mijn handtekening op een controlekaartje produceren. Daarna vroeg de bankfunctionaris om m'n persoonsbewijs. Nu had ik al jaren niet naar dat ding omgekeken, maar ik had het wel bij me, want dat moest, van de overheid.

"Welke is eigenlijk Uw handtekening?" vroeg de klerk, het persoonsbewijs ter vergelijking naast zijn kaartje houdend. Met een schok realiseerde ik mij dat daar natuurlijk die wanstaltig geschreven naam nog steeds stond op te vallen als een zere duim.

"Ach, ja," verklaarde ik achteloos, met een handgebaartje. "Zo schreef ik dat jaren geleden."

"Wilt U het dan even op Uw persoonsbewijs veranderen?" vroeg de klerk fronsend.

"Natuurlijk!" stemde ik meteen gul toe. Ik greep de pen weer, streepte vlot de non-handtekening door en schreef mijn glorierijke erboven.

Nu bestond er een levendige handel in persoonsbewijzen en iedereen wist dat zo'n begeerlijk document met goud betaald werd door onderduikers, saboteurs, joden en wat ook—mensen die om verschillende redenen uit Duitse handen wilden blijven. Waarschijnlijk had de Duitse politie nauwkeurige lijsten met de dagprijs van elk klandestien document dat in Europa gefabriceerd werd.

Ik bezat bijvoorbeeld een totaal oneerlijk verkregen *Ausweis*, dat mij vrijwaarde van naar Duitsland gestuurd te worden. Het staat mij vaag bij dat er bij het verwerven van dit epistel een groenteboer en een saxofonist te pas gekomen waren, maar zeker was dat het nooit de binnenkant van enig bezetterskantoor gezien had.

Op een dag werd ik bij de ingang van het Centraal Station in Amsterdam tegengehouden door een Groene Politieman.

"*Personalausweis!*" vorderde hij, z'n hand ongeduldig uit stekend. Dit betekende haast altijd moeilijkheden, en ik gaf hem het Nederlandse persoonsbewijs met gemengde gevoelens. De mof keek heel even naar die doorgestreepte handtekening en toen onmiddellijk weer naar mij met een blik die mij deed vrezen dat mijn dagen van betrekkelijke vrijheid geteld waren.

"*Wo haben Sie das gekauft?*" snauwde hij, het papier onder mijn neus heen en weer zwaaiend. Ik zag mij al in Duitsland zitten, kogels maken voor de *Wehrmacht*.

"*Ich habe das nicht gekauft! Es ist die meinige!*" legde ik schuchter uit.

"*Haben Sie noch andere Papiere?*"

Die had ik. Ik liet hem schoorvoetend mijn valse *Ausweis* zien, met de adelaar en het hakenkruis en alles dat in die dagen heilig was. Het was de eerste maal dat ik het stuk op een echte Duitser uitprobeerde, en ik was op alles voorbereid. Merkwaardig genoeg, en tot mijn grote opluchting, werd hij bijna vriendelijk.

"*Ach so!*" zei hij, geimponeerd en haast glimlachend. "*Aber, sagen Sie mir: Warum haben Sie das denn getan?*" Hij wees een beetje ontzet naar de oneerbiedige schending van zulk een gewichtig document.

"Ach," zei ik, m'n schouders zo onbezorgd ophalend als m'n knik-kende knieën het toelieten. "*Diese ist doch viel schöner?*"

De Groene keek me meewarig aan en gaf me m'n papieren terug. "*Geh doch*," zuchtte hij, en wimpelde me weg met een handbewe-ging. Hij zag er plotseling erg vermoeid uit. Ik had eigenlijk wel een beetje medelijden met hem toen ik haastig wegliep en hem een nieuw slachtoffer zag aanklampen.

Z'n oorlog ging toch al niet zo fijn.

Ster

HET is nu haast niet meer te geloven dat er eens een tijd heeft bestaan in Nederland waarin een bepaald gedeelte van de bevolking als zesderangs burgers behandeld werden door de Bezettende Macht. En dat de rest van onze bevolking aangemoedigd, zo niet gedwongen werd aan dit soort waanzin deel te nemen.

In de eerste paar oorlogsjaren hadden wij nogal wat Joodse vrienden en kennissen en onlangs kwam me ineens Joop Kool voor de geest. Ik was met Joop, die zich ook wel José noemde, op school geweest. We deden ons huiswerk wel eens samen, bij hem thuis, zodat ik de familie Kool goed had leren kennen.

Ze waren Joods, maar niet Orthodox. Dat mocht de Nazis echter niet hinderen: vier van de vijf hebben de bezetting niet overleefd, Joop inbegrepen. De Koolen hadden zo'n weinig idee wat het Joodse geloof en ritueel inhield, dat, toen Joops grootmoeder gestorven was (een natuurlijke dood, gewoon van ouderdom) en Maup (Mozes), Joop's vader, aan de telefoon aan het onderhandelen was met een Joodse begrafenisonderneming (Opoe was wél orthodox geweest en verdiende echt wel een kosher begrafenis) op een gegeven moment zei: 'Klaagvrouwen?! Hoeveel?!'

De telefoon gaf antwoord en Maup's mond viel open. 'Minstens zes?!' riep hij onthutst. 'Wat gaat me dat geintje wel niet kosten?

Geen orthodoxe reactie zou je dus kunnen zeggen. Ik geef dit maar ter illustratie van het feit dat dit geen Joden meer waren, maar hele gewone ingeburgerde Hollanders. Afkomst was echter afkomst, en als je niet kon bewijzen dat je geen Joods Bloed in je donder had, was je de sigaar. Je moest op je bovenkleren, als je de deur uit ging, een flink grote gele ster vertonen, die met zwarte letters verkondigde dat men hier met een vijand der maatschappij te doen had. *JOOD*. De David-ster. Als je dat meedroeg was alles voor je verboden. Je mocht niks. Je mocht niet op openbaar vervoer, je mocht niet in niet-joodse winkels, je kon je niet meer vertonen in een bibliotheek. Je mocht niet bij niet-joodse vrienden op bezoek, je vervoegen bij een niet-joodse dokter, een bioscoop binnenlopen of wat dan ook. Joden waren effectief van de normale samenleving uitgesloten. De gehate bordjes *"Voor Joden verboden"* zag je overal.

Nu was het Joop al geruime tijd gelukt de Ster niet te dragen en hij ging dus ook gewoon naar zijn eigen, niet-joodse dokter, waar hij dus eigenlijk niet over de vloer mocht komen. Op een dag zat hij bij deze geneesheer in de wachtkamer op z'n beurt te wachten, toen de goede arts een overval kreeg van de Sicherheitsdienst, die helaas had uitgevonden dat de dokter stevig in de ondergrondse werkzaam was. Dokter en verpleegster werden gearresteerd en iedereen in de wachtkamer werd voor de zekerheid (daarom heetten die mensen waarschijnlijk *Sicherheits*dienst) ook maar meegenomen en naar de gevangenis in Scheveningen getransporteerd voor ondervraging.

De dokter en zijn verpleegster gingen de bak in, terwijl de patienten die zich die dag toevallig in zijn wachtkamer bevonden hadden, waaronder Joop, na een paar dagen met verontschuldigingen werden losgelaten. Bovendien verstrekte de S.D. al de ontslagenen een vrijkaartje voor de treinreis terug naar Amsterdam. Dit was een indrukwekkend dokument, van het soort waar onze bezetters zo dol op waren, met stempels en hakenkruizen en adelaars, allemaal gedrukt in dat stekelige lettertype waarvan je haren overeind gingen staan als je het zag.

Joop stapte op de trein. Het was hem volkomen duidelijk dat het betreden van een trein, misschien zelfs wel een spoorwegstation, voor hem ten strengste verboden was.

In Utrecht moest er overgestapt worden als je naar Amsterdam moest. De trein stopte. Het hele perron stond vol met *Grüne Polizei*. Tot eenieder's grote verontrusting moesten alle passagiers uitstappen, ook diegenen die verder Oost moesten. Joden-razzia! De gevreesde Groene Politiejongens dreven iedereen een wachtkamer binnen, waar hun papieren minitieus werden onderzocht.

"Nou, daar ga je dan!" dacht Joop, bibberend van angst. Z'n persoonsbewijs kon hij niet laten zien, want daar stond ook een enorme "J" op. Maar hij had wél het vrije reisbiljet. Een Grüne las het, gaf het weer terug en zei, "*Sie wissen doch daß Sie hier umsteigen müssen?*" Hj wees naar het andere perron, waar de train naar Amsterdam al stond te stomen. "*Mach schnell!*" zei hij dringend.

Nu, daar had Joop niet het minste bezwaar tegen. Hij snelde, zoals geboden, met zjn Sicherheitsdienst Ausweis wapperend in de trillende hand, uit het gezichtsveld van de Groene Overmacht.

Wat maanden later, toen het voor Joden vrijwel niet meer doenlijk was om zich zonder de *Ster* op de openbare weg te vertonen was Joop ondergedoken bij buren van Loeki, mijn aanstaande vrouw, die zich zijn lot aangetrokken had. Ondanks dat gingen ze op een dag samen, Joop natuurlijk voorzien van Ster, naar het Centraal Station, om mij op te komen halen. Omdat het voor Joop verboden was van enig openbaar vervoer gebruik te maken gingen ze op twee fietsen. Waarschijnlijk had ik wat bagage bij me, dat dan op een van de bagagedragers meegevoerd kon worden, terwijl een van ons drieën "achterop" mee kon reizen.

Loeki vertelde me later in geuren en kleuren wat er voorviel op het Centraal Station. Het illustreert duidelijk dat de Nazis aan Nederland en misschien zelfs aan de rest van de wereld geen dienst bewezen hebben door zoveel veelbelovende mensen om het leven te brengen.

Ze waren wat vroeger bij het Station aangekomen dan ze gedacht hadden, want in die dagen moest je op alles voorbereid zijn, zoals razzias, fietsvorderingen en andere aanverwante Duitse handelingen, waardoor het niet uitgesloten was dat je een flinke omweg moest maken met het daaraan verbonden tijdsverlies.

Met de fietsen veilig gesteld in de fietsenstalling liepen ze het Station binnen, en begonnen te zoeken naar een wachtkamer. Ook was voor Joden in die tijd geen sinecure: ze mochten nergens in. De een na de andere wachtkamer had een niet over het hoofd te zien bordje bij de ingang dat zei:

Na zo'n aankondiging kon je daar met een Ster op je jas maar beter uitblijven. God weet wat je daar binnen kon aantreffen. Eindelijk vonden ze, helemaal achterin het station, op het laatste perron, een kleine derde-klas wachtgelegenheid, waar het blijkbaar niet heel erg gevonden werd dat Joden op de ongemakkelijke houten bankjes plaats namen. Het had een net zo oncomfortabele houten vloer en zat vol met huiverende reizigers, want verwarming was er natuurlijk niet bij als ook Joden er gebruik van mochten maken. Stel je voor! Ze mochten blij zijn dat ze dezelfde lucht mochten inademen als het superieure deel van de bevolking.

Loeki en Joop zegen, toch nog dankbaar, neer op het hout en Joop, met een zucht van verlichting, stak een sigaret op. Niemand trok zich daar veel van aan, behalve twee oude dametjes, die tegenover hem zaten, en deze handeling met gefronste voorhoofden en streng omlaag getrokken mondhoeken observeerden. Eén van het tweetal, misschien iets meer aggressief dan de ander, wees op de muur boven Joop's hoofd waar een duidelijk

bordje was aangebracht. Ze zei venijnig, "Ziet U niet dat U hier niet roken mag?"

Joop keek naar het bordje en knikte vriendelijk tegen het oude dametje. Joop, moet ik hier vermelden, had een heel prettig voorkomen met ogen die van die gezellige spleetjes werden als hij lachte. Hij wees op de brandende sigaret, daarna op zijn Ster, en zei, tot grote hilariteit van de dertig, veertig échte Hollanders, waaronder waarschijnlijk ook wel wat Joden:

"*Joden* wél!"

We missen hem nog steeds.

* * *

AANVULLING

In het boek *In Memoriam* (Den Haag: Sdu Uitgeverij, 1995) staat het volgende:

> Joop (José) Kool, geboren 9 maart 1921. Was gevangene in het concentratiekamp Gross Rosen. Is op of omstreeks 7 februari 1945 bij een dodenmars, samen met 109 andere Joden, na het ontruimen van het kamp met een nekschot om het leven gekomen.

Beroepskeuze

D E crisistijd, van 1929 tot 1940, was het tijdperk van Louis Davids met zijn "Kleinen Man." Er was grote werkloosheid, en geldgebrek, zelfs nijpend geldgebrek, blijkbaar over de hele wereld. Vrijwel iedereen was arm, of bijna arm. Nederlanders van tegenwoordig, met twee auto's in de garage naast hun riante doorzonwoning hebben geen idee waar we toen doorheen gegaan zijn.

Mijn vader klaagde steen en been over de voortdurende loonsverlagingen ingesteld door Minister Colijn, die hij verfoeide, waarschijnlijk samen met nog een heel stel andere Ministers. Colijn en zijn consorten waren rechts, mijn vader en zijn vrienden waren overwegend links, dat had ik ook begrepen. Maar ik was nog maar een jaar of veertien, vijftien, een volkomen nul op politiek gebied, hoewel ik donders goed begrepen had wie het was die het "pakkie van den Vice-Admiraal" betalen moest. Maar daar bleef het wel bij, mijn politieke inzicht. Ik voelde me niet voldoende onderricht om zinnig onderscheid te kunnen maken tussen de over de vijftig politieke richtingen die tot en met die noodlottige dag toonaangevend waren in Nederland. Het was dan ook een moeilijke keuze. Het leek wel of het niet gaf of je door de hond of door de kat gebeten werd: iedereen had toch geldgebrek.

Een van onze vrienden, Han van Zomeren, die zei dat hij Communist was, vond dat het uitbreken van de oorlog bewees dat iedereen zich met politiek hoorde te bemoeien, maar de rest van ons kringetje had daar geen oren naar. Dat kan wel zijn, zei hij, wacht maar tot de politiek zich met jou gaat bemoeien.

Joop Kool [zie verhaal "Ster"], een van onze Joodse vrienden, zei op een keer geleerd, dat Nationaal-Socialisme een *contradictio in terminus* was. Hoezo? vroegen wij. Hij legde uit dat Socialisme en Communisme algemene begrippen waren, iedereen betreffend, en dat het niet aanging om dat te beperken met een woord als Nationaal. Ik vond het nogal muggenzifterig, maar hij had waarschijnlijk gelijk.

1940: BEZETTING

Toen de oorlog uitbrak, in mei 1940, was ik 19 jaar jong en onbedorven. Hoewel de kiem al in 1914 gelegd was, kwam de oorlog niet gelegen. We hadden net een tiental jaren crisistijd achter de rug, en we hadden betere tijden verwacht.

In de vier jaren die volgden was het de Bezettende Macht die het op het gebied van politiek in zijn eentje voor het zeggen had—zonder er ons in te mengen of ons te vragen of het wel goed was werd ons voorgehouden: "Duitsland Vecht Voor Europa Op Alle Fronten!" De Bezetting maakte dat geschilpunten van geen betekenis werden. Tegen wil en dank hadden de Nazi's ervoor gezorgd dat Nederland nu maar twee partijen overgehouden had: anti-Duits en pro-Duits. Nederland had de utopia-staat bereikt: 90% politiek homogeen.

Over het algemeen vertrouwden Nederlanders hun kranten die vóór mei 1940 in hun bus gleden, zelfs al verschilden ze hier en daar wat van toon. Maar na de inval was de heersende teneur van het Nederlandse Nieuws op niet al te subtiele wijze gaan overhellen tot de Nazistische kijk op het wereldgebeuren. *De Telegraaf* bijvoorbeeld, leek in zijn uiterlijk nog steeds op *De Telegraaf* van een maand geleden, met dezelfde gothische letters in de kop, maar de hoofdredacteur was onmiddellijk vervangen geworden door een NSB'er, waardoor het blad vrij snel een stevig onderdeel van het Deutsche Neues Buro werd.

Het werd spoedig duidelijk dat we niet meer konden verwachten enig redelijk, onafhankelijk nieuws in welke Nederlandse krant dan ook aan te mogen treffen—het was maar het beste om je eigen konklusies te trekken. Weliswaar werden er, meestal mondeling, geheime berichten verspreid door waaghalzen die met levensgevaar een radiotoestel op zolder verborgen hielden of vernuftig in een holle muur verstopt hadden, en die met veel moeite hadden kunnen ontcijferen wat er door de BBC gezegd werd. (De Bezetter onderhield dag en nacht storingen op die golflengte, die het verstaan van wat er gezegd werd heel moeilijk maakte). Maar zelfs die berichten waren niet altijd te vertrouwen—Nederland bevatte ook een heel stel NSB'ers die er niet tegenop zagen om ons allerlei valse onthullingen op de mouw te spelden.

1940-1945: POLITIEK

Als ik al jong en onbedorven was in 1940 hadden de oorlogsjaren me niet echt gereed gemaakt om me zelfs met de na-oorlogse politieke toestand te willen inlaten. Vlak voordat de oorlog ten einde raakte bestond er voor een kort poosje een Duits-getint krantje *De Gil,* dat cynisch voorspelde dat de "Captains of Industry," de Grote Collaborateurs, na de oorlog misschien even berispt zouden worden, maar na zeer korte tijd weer het heft in handen zouden hebben om te voorkomen dat de profijten van de Wederopbouw in handen van beunhazen terecht zouden komen. Er werd voorspeld dat de Collaborateurs de jongens waren met de nodige apparaten—de Weigeraars zaten financieël aan de grond en waren dus ineffectief.

Toen we dit lazen dachten we natuurlijk allemaal: Misselijke propaganda! Dat kan niet meer gebeuren in het Nieuwe Nederland! Niet nadat we de intense solidariteit onder de verschillende partijen met eigen ogen hebben kunnen aanschouwen! De politieke toestand van vroeger bestaat niet meer! Samenwerking! Onze Nieuwe Regering zal het Recht zijn loop laten hebben.

Echter, niemand in de kersvers-uit-Engeland gerepatrieerde Regering had er blijkbaar erg in dat ze de Heulers van hun apparaten hadden kunnen ontdoen en al was het maar uitlenen aan de nu nood- lijdende Vaderlandslievende Weigeraars. O, de boosdoeners werden op het matje geroepen, dat was met niet te veel verbeeldingskracht te voorspellen geweest. Een paar ondergeschikten ging zelfs een paar weken de bak in! Het Recht moest gelden! De bazen werden streng onderhouden en beloofden het nooit meer te doen, wat niet bar moeilijk was, omdat een dergelijke situatie zich waarschijnlijk nooit meer zou voordoen, waarna alles weer ging zoals het voor de oorlog altijd gegaan was. Dit was een grote politieke schok, die in mij geen tedere gevoelens voor politici en aanverwante personen deed ontwaken.

NACHTMERRIES

We waren, zoals vele anderen, aardig wat vrienden en kennissen kwijtgeraakt. Han van Zomeren, gefusilleerd voor zijn Communis- tisch ideaal; Joop Kool, vergast[1] omdat hij de sof had Joodse ouders te hebben; later ook zijn ouders, zijn jongere zus Hannie, allemaal naar het "Arbeitslager"; John, de broer van Piet van Elk (waarover meer later), die gesnapt werd toen hij Joden over de grens smokkelde, overleed aan een plotseling opkomende "maagkwaal"; Lena, de eerste vrouw van mijn broer Jan, die op de eerste dag dat het nodig was voor Joden om de opzichtige gele ster te dragen besloot het nog een dag uit te stellen, een ernstige vergrijp dat haar in Auschwitz het leven heeft gekost. Nachtmerrie na nachtmerrie.

EEN DROOM

Gelukkig weten we nu dat het inderdaad niets anders dan een nachtmerrie is geweest. Een Wijze uit het Oosten heeft uit de doeken gedaan dat al die vergasserij maar een verzinsel was, door de Westerse landen, vooral Amerika, als een excuus gebruikt om de Staat Israel in het leven te kunnen roepen en de Joden een stuk van iemand ander's land te geven.

---

[1] Zie Aanvulling "Ster" Joop Kool was niet vergast, maar overleed aan een nekschot bij een dodenmars in februari 1945.

Wat de Wijze uit het Oosten verzuimt te noemen (misschien is zijn Allah niet zo oud als Muslims denken dat hij is, en is deze hele episode ongemerkt aan hem voorbijgegaan) zijn de niet-Joden die in concentratiekampen verhongerd, doodgeslagen en op andere wijze vermoord werden. Tegenstanders van het regime zowel als Zigeuners, Homofielen, zwakzinnigen, Jehova's Getuigen en andere religieuze dwarsliggers—nog eens zeven en een half miljoen, net zoveel als Joden, verloren hun leven in de nachtmerrie.

Maar het is een hele opluchting te weten dat het nooit plaatsgevonden heeft; het was toch al niet te geloven dat het echt gebeurd was. Misschien hebben we het wel gedroomd dat er eens soldaten door onze straten liepen, in een ganzenpas waarvan we dachten het eind gezien te hebben nadat het Duizend jaar Reich in elkaar gestort was. En toch . . . . het leek zo reëel.

Misschien dat we nu wel weer dromen als we hetzelfde potsierlijke gedoe op televisie zien, nu met een Orientaal tintje, terwijl we ons afvragen of de mensheid ooit leert.

BEROEPSKEUZE

Weinig mensen van twintig weten 100% zeker welk beroep ze zullen gaan uitoefenen in de rest van hun leven. Ik hing en wurgde tussen musicus en reclametekenaar. Dit had veel te maken met het feit dat ik een luie inslag had, en dacht dat een van die twee beroepen, of misschien wel allebei, een makkie zou opleveren. Ik had de avondschool van de Kunstnijverheidsschool bezocht, en had wat beginselen van Reclame geleerd. Maar ik had ook in '37 of '38 voor vijf gulden een trompet gekocht van een vriend van een vriend, die in geldnood verkeerde. Na een paar weken kon ik daar aardig geluid uit krijgen en ik imiteerde trompettisten zoals Louis Armstrong en de toen populaire Engelsman, Nat Gonella. Ik ontmoette daardoor andere jongens die een instrument speelden: pianisten, saxofonisten, trombonisten, drummers, guitaristen—een hele nieuwe, prettige wereld begon zich voor me te openen. Saxofonist en klarinettist Piet van Elk en ik richtten een kleine vijf-man swingbandje op, en ik waande me een musicus. Dat was natuurlijk niet zo: een echte musicus studeert jaren voordat hij zich dat noemen mag, en ik was eigenlijk maar een kwajongen met een trompet. Maar toen we na een poosje wat naam begonnen te krijgen, was ik er niet helemaal meer zeker van of ik nu wel een reclametekenaar zou willen zijn of een toonkunstenaar. Het leek wel of van geen van de twee beroepen een breuk of een zere rug kreeg.

Piet van Elk was een tekenfilm-enthousiast, en we bekeken samen stukjes film van Max Fleischer en Walt Disney, beeldje voor beeldje, om te zien hoe het gedaan werd, en uit te vinden waarom het nodig was bewegingen te overdrijven. Piet was namelijk van plan om, samen met zijn broer John, een tekenfilmstudio te beginnen. Hij wist ook aardig wat van de technische kant ervan; hij had allerlei literatuur over het onderwerp, en was zelfs een camerastand aan het bouwen. Ook had hij stapels uit-de-krant-geknipte Mickey Mouse strips, en had zelfs het begin gemaakt van een eigen stripverhaal met een figuurtje dat hij "Bim" genoemd had.

OORLOG

En daar kwam de oorlog, en de Bezetting.

De Duitse Overheid hield niet van Jazz, dat ze "Jats" noemden, en bestempelden als "Negermoeziek", een gedegenereerde Amerikaanse uitwas, die niets met muziek te maken had. Rimboe-geluiden, die een verruwing van de mentaliteit veroorzaakten.

Echter, Jazz was wat wij voortbrachten. Wij improviseerden, er kwam geen geschreven noot aan te pas. Ook vonden we snel uit dat, als je een musicus was, je verondersteld werd lid van hun "Kultur-kammer" te worden, en je aan hun strenge, nette regels te houden. Dit betekende voor ons dat we van nu af aan alleen nog maar wat wij noemden "hopsasa" muziek mochten produceren. Je mocht dan nog wel eens een geimproviseerde solo spelen, maar die mocht niet langer zijn dan vier maten. Bovendien mochten Joden zich al spoedig niet meer in openbare gelegenheden ophouden, en dat betekende meteen al het einde van de muzikale carriere van onze drummer.

Natuurlijk hielden we ons niet aan die waanzinnige voorschriften. Degenererend gingen we verder met het verruwen van de Nederlandse mentaliteit, maar het was niet zonder gevaar, want je wist nooit of er zich niet een Kulturkammer-spion in het publiek ophield, die onze snode daden zou doorgeven aan de Autoriteiten. De aardigheid was er een beetje af. Het was zonder dat al geen pretje om onder de Nieuwe Orde te leven—je raakte er aan gewend om voortdurend over je schouder te kijken, met een constant kriebelig gevoel in de maag. En we hadden nog 999-plus jaar tegoed.

Piet van Elk had meteen in juni 1941 aan *De Telegraaf* aangeboden om de Mickey Mouse strip voort te zetten, nu de aanvoer uit Amerika stopgezet was, maar de redactie van *De Telegraaf* wees hem erop dat dat een schending van Walt Disney's copyright zou betekenen, en dat was zelfs de Nazi's te bar. Het bleek later dat de Muis verslonden was door een Kat. De strip Tom Poes van Marten Toonder begon in 1941 in *De Telegraaf* en het *Nieuws van den Dag* te verschijnen. Die werd door ons ook druk uitgeknipt en ingeplakt.

ONTMOETINGEN

Ik had kennis gemaakt met Joop Philips, de pianist van Johnny Meyer, de bekende accordionist. Johnny had een cafe op de Nieuwendijk. Als gast blies ik daar wel eens een stukje trompet mee, en Johnny engageerde me, in 1941, om daar als vast lid van zijn groep te komen werken. Johnny's bassist was Nelis Pieters, ook bekend staand als Manke Nelis.

Omstreeks dezelfde tijd gingen wij vaak kamperen, soms met Joop Kool, Carol Penraat en Henk Huiskes, een andere pianist, in Hargen, in Noord Holland. Op hetzelfde kampeerterrein ontmoetten we op een dag de dames Loeki Uittenbroek, Rita Volk en Riet Gons, drie telefonistes uit Amsterdam, waar we meteen anschluss mee hadden.

Hargen lag aan de zee, en het wemelde er van de SS'ers, die blijkbaar in een kazerne in de buurt gelegerd waren. Die jongens wilden wel eens kennis maken, en waarschijnlijk liever met de meiden dan met ons, maar dat probeerden wij zoveel mogelijk te vermijden. Het was nu eenmaal niet politiek correct om je met de vijand in te laten. Dit was niet altijd te verwezenlijken. Op een middag, zittend boven aan de trap die naar het strand leidde, werden de dames door een SS'er aangesproken met het smoesje of ze misschien wisten waar er een sigarenwinkel was. Een van de drie antwoordde in het Duits, wat aan de SS'er een complimentje ontlokte: *"Sie sprechen gut Deutsch! Sind Sie vielleicht einmal in Deutschland gewesen?"*

Ja, ze waren daar wel eens geweest, maar waren niet van plan daar voorlopig nog eens heen te gaan. Hij zei dat hij uit Oost-Pruisen kwam. Het gesprek kwam natuurlijk op de Bezetting, en dat de Nederlanders daar niet erg blij mee waren. Omdat het bekend was dat SS'ers vrijwilliger waren, vroeg een van de drie of dat zo was.

Hij draaide zich om en riep tegen een andere Duitser, *"Heinz! Komm 'mal hier!"* en toen Heinz naderbij gekomen was, zei hij, *"Heinz, sag' mal, Du bist doch auch Freiwilliger?"* Heinz draaide zijn ogen ten hemel. *"Ja, natürlich, Karl! Ich bin ein Freiwilliger!"* Daarna barsten ze allebei in lachen uit.

Ze legden ons uit dat als je wachtte tot je opgeroepen werd, je meteen naar het Oostfront gestuurd werd. Als je "vrijwillig" in het leger ging, had je wat meer keus.

Hierna werd de conversatie iets minder gespannen, en een van de drie dames had zelfs de brutaliteit op te merken, *"Hitler ist doch verrückt!"* (Dit was een gewaagde opmerking die we in het begin nog wel eens op een Duitser uitprobeerden, maar dat leerden we snel af.) Karl sprak deze observatie en conclusie niet tegen, hoewel hij het ook niet beaamde. Wat hij wel zei, was dat ze een beetje op hun mond moesten letten. Hij verklaarde dat er met hem noch met Heinz een probleem was op dat gebied, maar hij waarschuwde hen voor een andere SS'er, die iets verderop stond, en een bril op had. "Met die moet je oppassen. Dat is een Nazi."

Welkom in de realiteit van Adolfs droomwereld. Twee best aardige knullen uit Oost-Pruisen. Duidelijk geen vechtersbazen. Maar de politiek had zich met hen bemoeid, en ze bevonden zich nu, in het uniform van kanonnenvoer, ver van huis in een vreemd land waar ze met de nek aangekeken werden.

Naar Piets voorbeeld was ik ook aan het ontwerpen van stripfiguurtjes begonnen, maar ik was daar tot nu toe nog niet erg succesvol mee. Ik had me geconcentreerd op een Eend als hoofdfiguur, een kruising tussen Donald Duck en Wammes Waggel. Ik had er nog geen naam voor bedacht, maar op een dag, in 1942, leerde ik door een oudklasgenoot C.H. Pieterse (*Striplexicon*, pagina 193) kennen, die een strip in *Het Volk* had lopen, "Dikkie Duiver en Paultje Poon", en naar een inkter zocht. Ik bood me aan. Voor een korte tijd werd ik Pieterse's medewerker. Het staat me niet helder meer voor de geest waar Dikkie Duiver over ging. Ik weet alleen nog dat het zich onder water afspeelde, dus Dikkie en Paultje zullen wel vissen geweest zijn. Na verloop van tijd kwam Pieterse ons wel eens opzoeken, en ik liet hem schetsjes zien, onder andere van mijn Eend, die nog geen naam had. Hij noemde hem onmiddellijk: "Stuitje Platvoet", want ik had hem enorme voeten gegeven, en een flinke opstap. De Eend is nooit werkelijkheid geworden. Ik had te veel moeilijkheden met de gezichtsuitdrukkingen.

TEKENFILM EN STRIPS, MARTEN TOONDER STUDIOS

We waren dikke vrienden geworden met de drie dames die we in Hargen ontmoet hadden, en Loeki liet me op een dag een advertentie zien van een tekenfilmstudio, die medewerkers zocht. Ik meldde me bij deze Toonder-Geesink Productions, op de Nieuwezijds, met wat voorbeelden van mijn inktwerk en begon daar als cel-inkter. Dit duurde maar kort, want toen bleek dat ik iets van het systeem afwist werd ik tot assistent-animator benoemd. Dat jaar was een van de hoogtepunten van mijn leven, maar daar heeft een 22-jarige geen idee van. Ik werkte dagelijks samen met mensen die later grote bekendheid kregen, zoals Cees van de Weert, Henk Kabos, Wim Boost, Geertie Knoef, Hans Kresse, Carol Voges, Jan-Dirk van Ekster, Henk Sprenger, Henk Albers, en die konden allemaal tekenen. Dat was meer dan van mij gezegd kon worden, want hoewel ik daar als animator best op zijn plaats was, vond de Baas mijn tekenkunst maar zo-zo.

Marten Toonder tekende zijn dagstrips in zijn privékantoor, en gaf daarna de potlood-tekeningen aan Wim Lensen, die ze in inkt zette. Wim Lensen had zijn desk in dezelfde kamer waar wij zaten te animaten, zodat wij nu en dan over zijn schouder zijn kunsten konden afkijken.

TOONKUNST

Hoewel werken aan een tekenfilm zijn interessante en opwindende kanten heeft, is het werk zelf vrij eentonig. Het salaris was ook niet geweldig; het leek wel of trompetblazen meer opbracht, en toen Nelis Pieters, in 1943, mij voorstelde lid van zijn tien-man orkest te worden, dat op tournee ging door Nederland, met Trekpleisters zoals Kees Pruis, toen een bekende humorist, en Frans van Schaik (De Zingende Zwerver), gaf ik mijn baan bij de studio op en werd weer musicus.

Bij de eerste repetitie bleek dat dit tien-man sterke orkest geen repertoire had. Daar had niemand bij stilgestaan, want dit waren allemaal musici die gewend waren om in kwartetjes of kwintetjes te spelen, waar je vrijwel geen organisatie bij nodig had—je hoefde alleen maar kunnen improviseren, er stond niets op papier, en iedereen wist wat te doen. Maar met tien man lukt dat niet, dat vereist wat organisatie. En om tien soloisten in de maat te laten lopen en in een orkest om te toveren valt niet mee.

Er was ook de kwestie van het repertoire zelf. Je kon als een klein groepje wel wat Amerikaanse nummers op je programma hebben, maar als je met een officieël orkest uit de bus kwam, voor een zaal vol mensen, kon je wel last met de gevreesde Kulturkammer verwachten. Deze nieuwe toestand moest van meet af aan anders aangepakt worden. Amerikaanse nummers mocht niet, Duitse mopjes wilden we niet, en er bestonden eigenlijk maar weinig Hollandse composities die de moeite waard waren.

Ik had in het verleden eens een soort "Herkenningsmelodie" bedacht, maar die was nog nooit op papier gezet. Ik kon niet vlot muziek lezen, maar ik had een greintje kennis van accoorden en muzieknotatie, genoeg om iets eenvoudigs op te kunnen schrijven. En met de zelfverzekerdheid die alleen maar kan worden voortgebracht door iemand van drie-en-twintig, kwam ik op de volgende repetitie gewapend met een "tune" van 16 maten, met een fanfare einde, op zes velletjes muziekpapier, voor twee trompetten, een trombone en drie saxofoons.

Met de saxofonisten had ik geen probleem, maar de trombonist keek naar zijn partijtje en zei, "Wat moet ik daarmee? Je hebt dit in de vioolsleutel geschreven en een trombone staat in de bassleutel." Ik moet beteuterd gekeken hebben, want hij zette me meteen daarna op mijn gemak. "Het geeft niet, hoor," zei hij. "Ik kan het in mijn hoofd omzetten. Ik heb jarenlang van derde-trompet partijtjes moeten lezen."

Ondanks mijn vertoon van onbekendheid met de fijne kneepjes van het vak speelden we het dingetje, en tot mijn verbazing klonk het beter dan ik vermoed had. Het leek wel echt! Hierdoor gesterkt had ik voor de volgende bijeenkomst een swing-arrangement bij me van het Hollandse liedje "Roodborstje", gebaseerd op de formule die de "Ramblers" toepasten. Ook dat leek ergens op. Hee! Ik was een arrangeur! Maar ik had nog meer noten op mijn zang. Een paar dagen later had ik een eigen compositie bij me, en ook dat klonk redelijk goed. Tjonge-jonge! Ik was nog een componist ook!

Ik weet natuurlijk wel dat Wolfgang Amadeus zich op de knieen zou hebben geslagen van het lachen als hij me had kunnen zien prum-melen, maar voorlopig was ik Koning Eénoog in het land der blinden.

Toen we eindelijk op tournee gingen, bevatte het repertoire zes van mijn composities, en ik had er nog wel meer in mijn hoofd, maar daar is nooit iets van gekomen, want als je altijd in hotels leeft is er weinig gelegenheid om rustig te zitten schrijven.

Kees Pruis, die dacht dat ik beter was dan ik was, gaf me eens de tekst van een van zijn liedjes en vroeg of ik daar een melodietje bij kon maken. Maar dat is me niet gelukt. Ik kon er gewoon niet in komen. Dat is een heel aparte tak van dienst, en zijn pianist was daar veel beter in. Die raffelde iets heel behoorlijks af in minder dan geen tijd.

"Carlo Pietro en zijn Orkest" heeft bestaan tot het, bij gebrek aan transport, kort nadat de Grote Treinstaking begon, overleed. We hebben het nog een keer geprobeerd met een vrachtauto op houtgas, maar dat was geen betrouwbare manier van voortbewegen, er waren teveel problemen mee.

INVASIE

De Invasie vond op 6 juni 1944 plaats. Dit stond niet in de krant. Waarschijnlijk vond Het Bewind dat het geen nut had om het het Nederlandse publiek te laten weten. Noch werd er de volgende dag vermeld dat Simon Praamsma en Laurence Maria (Loeki) Uittenboek op 7 juni 1944 in Amsterdam, onbekend met het wereldgebeuren, in het huwelijk getreden waren.

Het ging niet ongemerkt voorbij aan Manke Nelis. Op de dag nadat we getrouwd waren zag hij ons lopen op het Stationsplein in Amsterdam en schoot op ons af. We vertelden hem het heugelijke nieuws en hij zei, "Wacht hier even!", en snelde weg, om enige ogenblikken later terug te komen met een enorme bos rozen, die hij Loeki in de hand drukte.

De oorlog woedde nog bijna een jaar door, en in de laatste maanden ervan had ik ampel tijd om te zitten tekenen, want de muziekwereld bestond practisch niet meer—iedereen had het in de hongerwinter te druk met het opsporen van voedsel en het trachten uit de handen van de Duitsers te blijven. Ik was ondergedoken, eerst op de

Weteringschans, waar ik een schuilplaats had gebouwd in een holle muur naast de kleerkast, later in Naarden, met een schuilplaats onder de trap naar de zolder, en nog later in Hilversum, bij de ouders van Loeki.

EEND WORDT MENS

Gedurende die tijd veranderde de Eend langzamerhand in een dik mannetje met een overmaats pinkeldasje en een lorgnet. Tegen april of mei 1945 had ik zelfs al een paar strips vervaardigd, naar het voorbeeld dat ik bij Marten Toonder had zien ontstaan, maar in mijn opinie waren die niet de moeite waard om aan iemand te laten zien. Voorlopig was het alleen nog maar een moeizaam tijdverdrijf. Ik had over de eerste zes of zeven strips een maand gedaan, en ik was er niet geweldig mee ingenomen. Wel had ik mijn stripheld al een naam gegeven. Ik had besloten dat hij, in tegenstelling tot al die onwaarschijnlijke striphelden die al bestonden, een *anti*held zou moeten zijn, een bangebroek. Weliswaar met een meerderwaardigheidscomplex, zoals dat bij meer mensen voorkomt, maar geen krachtpatser. Een betrekkelijk gewoon mens, met gewone menselijke reacties. Een min of meer jofele jongen. Jofel. Jopie Jofel. Nee, te gewoon. Johannes Jofel. Ook niet, loopt niet lekker. Jochem Jofel. Perfect!

Jochem Jofel

HET was 1945. De oorlog was over; Nederland was weer vrij. De ondergrondse krantjes waren uit hun schuilkelders gekropen en konden nu in het openbaar uitgegeven en gelezen worden. *Het Vrije Volk*, *De Volkskrant*, *Het Parool*, *De Waarheid*, *Trouw*, enzovoort—allemaal kranten die hun wortels in de ondergrondse hebben en hadden.

Zo lang de oorlog aan de gang was bestond er een groot respekt voor de ondergrondse blaadjes. Want, als je dag in dag met propaganda en verzinsels gebombardeerd wordt die er op uit zijn om je in het ongewisse te houden over wat er echt gebeurt, ben je blij met een gestencild blaadje met actuele informatie, ook al moet je het meteen verbranden na het gelezen te hebben.

Want het in je bezit hebben van zo'n ondergrondse missive was doodgevaarlijk, niet alleen voor de bezorger, maar ook voor de ontvanger. Als je gepakt werd met dit soort literatuur in handen kon je van alles verwachten. Je kon in de gevangenis terecht komen, maar met net zoveel plezier naar een concentratiekamp getransporteerd worden, of de doodstraf krijgen; er was geen bepaalde norm—je lot was nu in handen van de "Sicherheitsdienst", en die had blijkbaar geen vaste regels. Ondanks deze perikelen stopte het uitgeven van de "zwarte" krantjes niet, en ook onder elkaar was de saamhorigheid onder de ondergrondse pers groot. Het was niet ondenkbaar dat een *Volkskrant*er (Katholiek) of een *Trouw*er (anti-revolutionair) het verspreiden van de Communist-gezinde *Waarheid* even overnam als *De Waarheid*-persoon om de een of andere reden niet in staat was zijn verspreidingsplicht te vervullen. Solidariteit! Allemaal in dezelfde boot tegen de Mof.

VREDE

De oorlog eindelijk voorbij, er werd weer muziek gemaakt in Amsterdam, dat fungeerde als "Rest and Recreation Area" voor Canadese soldaten. Samen met Henk Huiskes en Ger Bronk, een geweldige tenorsaxofonist, waarmee ik al voor de oorlog kennis gemaakt had, en een drummer waarvan ik de naam vergeten ben, speelden we op de Nieuwendijk, tegen 130 gulden de man per week. Bovendien waren de Canadezen erg gul met het weggeven van sigaretten, die nog steeds schaars en duur waren. Een verzoeknummertje bracht soms een "handje" sigaretten op, en de meeste avonden gingen we naar huis met ieder tien, twintig, sigaretten, die óf zelf opgerookt, of verkocht konden worden. Zo'n inkomen van 150 gulden per week maakte dat striptekenen voorlopig niet vooraan stond op mijn lijst van prioriteiten.

Loeki had mijn probeersels aan Pieterse laten zien, en die vond ze goed genoeg om mee te nemen en stelde haar voor ze aan de redactie van *Het Volk* te laten zien, dat nu *Het Vrije Volk* heette, en waar hij connecties had, in de hoop op een plaatsing. Loeki was het met hem eens. Een paar dagen later kwam Pieterse terug met de boodschap dat *Het Vrije Volk* niet geinteresseerd was, maar dat hij het waarschijnlijk kon plaatsen in *De Waarheid*, een communistisch-getint nationaal dagblad. Ik vroeg aan Pieterse wat voor een krant het was, en hij zei "nogal links," iets linkser dan *Het Vrije Volk*. Een in de ondergrondse goed-bekend staande publicatie. Ik zei dat ik er over wilde nadenken, maar toen ik een paar dagen later 's avonds thuis kwam, gaf Loeki me het heugelijke nieuws: *De Waarheid* had het aanbod geaccepteerd.

PANIEK

Onmiddellijk zette paniek bij me in. Het was aardig geweest als een soort tijdverdrijf, maar het produceren van een dagelijks strip-verhaal zag ik helemaal niet zitten. Ik wees haar er op dat ik nog lang niet klaar was om zo'n permanent engagement te ondernemen, het leek nog nergens op, ik was te langzaam, ik wilde nog wat meer tijd hebben om de kwaliteit op te voeren, ik . . . wist me geen raad en verzon van alles om er onderuit te komen. Zoveel zelfvertrouwen als ik met muziekmaken had, zo weinig had ik als het op tekenen aan kwam. Maar het onvermijdelijke gebeurde: Jochem Jofel begon zijn krantenleven op 21 juli 1945, met "Het Avontuur in de Slummerdamse Bergen."

(*De Waarheid* had toen nog niet zijn eigen drukkerij. Het blad werd gedrukt op de persen van *Het Handelsblad*. Het was waarschijnlijk een noodlijdend bestaan, want een grote bron van inkomsten van iedere krant bestaat uit advertenties. *De Waarheid* was geen favoriet van het grote publiek, en grote zaken wilden zich niet associëren met wat eigenlijk een opruiende publicatie was.)

Werkschuwe vlegel die ik was, gaf ik na een week het trompetspe-len er aan. Ik was gewend om 's morgens tot een uur of elf te slapen, op m'n gemak wat te eten, en rond te hangen, en als je dan om 6 uur weg moet (we werkten van 7-11 uur) blijft er niet veel tijd over om moeizaam strips te tekenen. Ook moest er tijd af om het verhaal te bespreken met Gerrit Kouwenaar, die door *De Waarheid* aangewe-zen was om de teksten te schrijven. Wat niet zo leuk was, was dat *De Waarheid* slechts vijf gulden per strip betaalde, neerkomend op 25 of 30 gulden per week, een stevige inkorting van ons inkomen.

Henk Albers (voor mij nog steeds "Henkie") kwam me in het begin af en toe belangeloos een handje helpen. Aan zelfvertrouwen ontbrak het hem niet. Hij kon in een paar tellen iets bruikbaars op het papier slingeren.

"De Slummerdamse Bergen" werd gevolgd door "De Erfenis van den Ouden Jofel," "De Zwaartekrachtmachine," en "De Baron Poeth van Banck-Rhoetinghe." Jochem had eerst nogal wild zwart haar, en droeg een lorgnet. Dit knijpbrilletje liet ik de loop van het eerste verhaal varen, en pas in strip nummer 46 kreeg hij voor de eerste keer zijn kleine gleufhoedje.

Er ging een boekje verschijnen van "De Erfenis," en ik besloot de tekst, die door Gerrit Kouwenaar geschreven was, wat te veranderen, meer in overeenstemming met mijn gevoel over de strip. Daarna kwam ik met *De Waarheid* overeen dat ik mijn eigen teksten zou schrijven.

Toen ik met de "Baron Poeth van Banck-Rhoetinghe" bezig was, omstreeks februari of maart 1946, vroeg de redactie van *De Waarheid* mij om een tekening te maken voor een kleur-in-wedstrijd voor kinderen. Het was voor het Paasnummer, een volle pagina met haasjes, kippetjes, kuikentjes, mandjes met eieren, en een boerderijtje en van alles en nog wat op de achtergrond. Ik accepteerde, en leverde na een week of wat de gewenste tekening af, met een rekening voor 100 gulden, volgens afspraak. Het Paasnummer kwam in april—geen kleur wedstrijd. Gebrek aan plaatsruimte, zei hoofdredacteur van der Drift, en daar was blijkbaar voor hem de kous mee af.

De Waarheid was een krant die uitlegde dat de wereld in twee kampen verdeeld was: een grote massa zich eerlijk in het zweet werkende, maar onderbetaalde arbeiders, plus een kleine elitaire groep schatrijke nietsnutten die dagelijks grijnzend naar de Bank slenterden om daar de over de moede ruggen van de zwoegende arbeiders verdiende winsten te deponeren. Ik had dus geen reden om te denken dat een krant zoals dat mijn rekening niet zou betalen. Echter, ondanks mijn herhaald aandringen kwam van der Drift niet met mijn eerlijk verdiende honderd gulden over de brug.

Wat was de reden voor deze merkwaardige beslissing? Als ik er over nadacht kon ik met een stuk of wat mogelijkheden opkomen. Ten eerste: de tekening kon niet in de smaak gevallen zijn. Heel goed mogelijk. Ten tweede: er kon inderdaad geen plaatsruimte zijn geweest. Papier was nog steeds schaars. Ten derde: *De Waarheid* had het geld niet. Mogelijk, maar niet waarschijnlijk. Ten vierde: Ze hadden met hun Hoofdkwartier in Moskou gebeld en de bazen daar hadden gezegd, "Zijn jullie nou gek? Pasen is een religieuze feestdag, daar geven wij geen cent aan uit." Wat de reden dan ook was, de rekening werd nooit betaald. Het geeft anders wel aardig aan hoe snel idealen aangepast kunnen worden als de rollen omgedraaid zijn.

PROBLEMEN

"Jochem Jofel als Detective" volgde de "Baron," waarna Jochem naar Amerika reisde en "De Geest van Ugh Wau" tegenkwam. Terwijl Jochem zich met het ontmaskeren van de Geest bezig hield, vroeg de redactie van *De Waarheid* of ik niet eens een verhaal kon produceren dat een politieke inslag had. Ik zei dat ik niets van politiek af wist en dat ik liever op de vlakte wilde blijven met mijn keuze van onderwerpen. Maar de redactie hield vol, en ik beloofde er mijn aandacht eens aan te schenken. Ik besprak het met Loeki.

Loeki had net *The Prisoner of Zenda* gelezen, en legde me uit dat het ging over de Kroonprins van Ruritanië die ontvoerd was en hoe iemand die op hem leek zijn plaats ingenomen had. "Daar heb je je politieke verhaal," zei ze. "Jochem lijkt op de kroonprins van een of ander land, en dan zie je maar verder."

Ik dacht bij mezelf, "Dit wordt het politieke verhaal dat alle andere politieke verhalen ver achter gaat laten." Zo begon in december 1946, met strip nummer 421, "Jochem Jofel en de Verdwenen Kroonprins."

Jochem Jofel is op bezoek in het land Rareboulie en wordt aangesproken door een deftig gekleed heer met een prachtig versierde hoed, die minister Goudhartje van Rareboulie blijkt te zijn. Goudhartje zegt hem dat hij als twee druppels water op de Kroonprins lijkt. De prins moet de volgende dag tot Koning gekroond worden, maar hij is zoek, en Goudhartje vraagt Jochem of hij de plaats van de Kroonprins in wil nemen tot hij teruggevonden is. Jochem stemt toe en gaat mee naar het Koninklijk Paleis.

Omdat het een verhaal over politiek moest worden had ik twee partijen bedacht. De Koningspartij, rechts en de Republikeinen, links. Ook had ik voor het geval dat het een internationaal verhaal zou worden twee naties bedacht: Rareboulie en Boelgemenië. Het moest natuurlijk een mysterieuze zaak worden en lijken of er allerlei intriges plaats vonden, met inbegrip van de relatie tussen de twee landen.

Alle figuren die meespeelden waren achterbakse konkelaars en zelfzuchtige intriganten. Leepneusje was een herbergier, een afgezette minister van de Koningspartij en konkelt met Boezeroentje, een lid van de Republikeinen, die ook een herberg beheerde.

Koning Jan De Tweede De Dikke was een analfabeet, die zijn tijd doorbracht met speelgoedtreintjes. Toen hij een briefje kreeg uit Boelgemenië (geschreven door Goudhartje) dat vermelde dat de Prins naar Boelgemenië vertrokken was liet Jan De Tweede het aan hem voorlezen door het derde keukenmeisje, Mientje, door de butler aangekondigd als Mejuffrouw Willemina Wieltje. Koning Jan belt de minister van Boelgemenië, Triefeltje, op en vraagt of de Prins daar is. Het gesprek wordt stiekem afgeluisterd door Goudhartje door middel van wat vast en zeker de eerste videofoon geweest moet zijn. Dat plaatje spreekt boekdelen over wat ik dacht dat zulk een machine er uit zou zien.

Eigenlijk wist ik er geen touw aan vast te knopen—het was zo'n onzinnig verhaal, dat ik niet wist hoe er een eind aan te maken. De redactie van *De Waarheid* begon in te zien dat dit niet het politieke stripverhaal was dat ze zich voorgesteld hadden. De naam Boelgemenië werd veranderd in Breedland en de krant stopte publicatie kort daarna.

Wat volgt is een antwoord op een verzoek van twee van mijn trouwe fans, die omstreeks 2009 vroegen of ik er een eind aan zou willen verzinnen:

Jochem Jofel krijgt een briefje in de hand gedrukt door Mientje, het derde keukenmeisje. Daarop staat een adres in Rarestad, de hoofdstad van Rareboulië. Het blijkt een eenvoudig huis te zijn, met een kleine bungalow in de tuin. Jochem gaat erheen, klopt op de deur, en vind daar de kroonprins, zittend achter een schrijftafel. De volgende conversatie ontstaat:

"Majesteit!" riep Jochem Jofel, en hij maakte een klein buiginkje. "Ik heb U gevonden! Iedereen is naar U aan het zoeken! Waarom verschuilt U zich in dit eenvoudige huisje?"

"Hou op met dat ge-majesteit!" zei Jan de Derde. "Zeg maar gewoon Jan3, hoor. Eigenlijk wil ik helemaal geen koning worden! Niet voordat er grote veranderingen plaatsvinden!"

"Wat voor veranderingen?" vroeg Jochem. "Wilt U meer goud in Uw kroon? Of meer auto's?"

"Je begrijpt er niets van, Jochem Jofel," zei Jan3 hoofdschuddend. "Ik ben juist ziek van al dat gedoe dat met koningzijn te maken heeft. Er is veel onrecht in de wereld, Jochem, en daar moet een eind aan komen!"

"Daar ben ik het mee eens," zei Jochem. "Ik heb veel over de wereld gereisd en het is me opgevallen dat lang niet alles is zoals het zou moeten zijn. Maar wat kunnen we er aan doen?"

"Wetten!" zie Jan3. "Wetten die het onrecht verbieden, bijvoorbeeld! Jij zou me daarmee kunnen helpen. Ik heb al een paar van die wetten opgeschreven. Deze bijvoorbeeld: Kranten mogen alleen nog maar de waarheid drukken. Het wordt van nu af aan verboden te jokken, met een zware geldstraf voor overtreders."

"Dat kan aardig wat geld in het laadje brengen," dacht Jochem. "Hoe zou je zo'n wet kunnen uitvoeren?"

"Er wordt een Minister van Waarheid aangesteld, die daar toezicht op moet houden."

"En wie zou dat moeten zijn?" vroeg Jochem. "Ik weet niet veel van politiek af, maar ik weet wel dat er niet zo erg veel doodeerlijke politici bestaan."

"Dat is mijn volgende punt. Politici moeten een examen afleggen om te zien of ze wel de nodige kwalifikaties hebben voor hun post."

"O, absoluut!" vond Jochem. "Daar ontbreekt het nog wel eens een beetje aan!"

"Hier, neem een blocnote," stelde de prins voor. "Schrijf het vast op, voor we het vergeten." Jochem nam aan de schrijftafel plaats en begon te schrijven.

"Er moet een Akademie komen voor het opleiden van politici."

"Opgeschreven!"

"Grenzen moeten open. Eén wereldbevolking. Iedereen moet een kans krijgen."

"Oorlog moet ook verboden worden!" zei Jochem Jofel. "Wat denkt U daarvan?"

"Prachtig! Schrijf het op!"

"Inflatie mag niet meer. Er moet een nieuw geldstelsel komen met een globale munteenheid," stelde Jochem Jofel voor. "Het is zo lastig als je steeds geld moet wisselen aan de grens."

"Goed idee! Hoe zullen we de nieuwe munt noemen?"

"Daar heb ik ook al eens eerder over nagedacht. Wat denkt U van uw-rotjes?"

"Klinkt goed," zei Jan3. "Dan kunnen we er zeker van zijn dat dingen niet steeds duurder worden. Inflatie wordt een fenomeen uit het verleden."

"Ik heb nog iets, Jochem. Dat is een beetje persoonlijk, maar het betreft Jan de Tweede, mijn vader."

"Hij was heel even ook mijn vader," zei Jochem Jofel. "Zeg het maar."

"Een koning moet kunnen lezen en schrijven," zei Jan3. "En Jan de Tweede heeft het nooit geleerd. Schrijf dat ook maar op." Jochem schreef.

"En wat nog meer?"

Jan3 keek een beetje verlegen. "Ja, er is nog meer. Ik wil Mientje."

"Wie is Mientje?"

"Mientje is het Derde Keukenmeisje in het paleis."

"Daar kunnen we geen wet voor maken," zei Jochem Jofel. "Dat moet je aan je vader vragen!"

"Dat vindt-ie vast niet goed."

"Oké, we maken er een wet van. Als het eenmaal een wet is kan niemand er meer wat aan doen."

Jochem zette het allemaal op papier, en samen stelden ze al die wetten samen die de hele wereld veranderd hebben. Want alle landen deden mee, zo sloeg het aan. In Nederland, bijvoorbeeld, werd er een Commissie ingesteld om het nieuws in de dagbladen te zuiveren. Deze werd genoemd: Ook Nieuws Zuiverheid In Nederland (ONZIN). U zult zich nog wel herinneren dat er een tijdlang niets in de krant stond, want nu bleek dat er haast niets helemaal waar was. Het gevolg was dat alleen nog maar het weerbericht van de vorige dag gedrukt mocht worden, en een paar advertenties, want die zijn haast altijd voor 100% accuraat.

Ook is er sinds die tijd nooit meer oorlog geweest, want toen het eenmaal wettelijk verboden was, kon niemand er meer wat aan doen.

Het nieuwe geldstelsel kwam, en alles werd onmiddellijk een stuk goedkoper.

Jan de Tweede ging terug naar school, leerde lezen en schrijven, en toen hij eenmaal schrijven kon, kon hij niet ophouden en schreef in korte tijd 39 dikke boeken. Ook hij had geen zin meer om koning te zijn, maar nam wel de post aan als Minister van Onderwijs, Kunsten en Wetenschappen.

Iedereen die jokte werd beboet, en dat deed de Schatkist geen kwaad. Veel Sociale Zorgen konden met de opbrengst betaald worden.

Academies voor politici kwamen tot stand, en de gepromoveerden ervan hebben de wereld geleid tot de perfecte staat waarin het nu verkeert. Oorlogen kwamen alleen nog maar in slechte herinneringen voor.

Nu bleek ook dat politieke partijen geen reden van bestaan meer hadden, want iedereen was tevreden met zijn lot, zodat er niets te kankeren viel. Daarom zijn er geen politieke partijen meer, zoals U wel weet.

En die lege kranten? Daar kwam weer wat leven in nadat Leepneusje benoemd was tot Minister van Eerlijkheid, en het Commissie ONZIN opgeheven kon worden. Boezeroentje werd aangesteld als Deken van de Academie voor het Opleiden van Politici, waardoor het peil sterk gestegen is.

Dit is allemaal te danken aan de onwillige Kroonprins en zijn goede vriend Jochem Jofel.

VERVOLG

De Praamsma familie—[L-R Michiel, Siem, Linda, Loeki, Saskia]—emigreerden in 1950 naar Australië en daarna, in 1959, naar Amerika.

Voorlichting

Het zal niemand ontgaan dat regeringen, met hun In-stanties en Afdelingen en Commissies en Diensten, veel invloed uitoefenen op ons te korte bestaan op aarde, dat zonder dat al een tranendal is. De Leidsmannen beslissen hier wat, bedisselen daar wat, verbieden ginder wat. Hiervoor wordt door ons een portie van onze verdiensten afgestaan, want al dat gebemoei moet natuurlijk ergens van betaald worden, en goeie raad is duur.

We nemen toegeeflijk aan dat Regeringen met dit uitoefenen van invloed het beste met ons voor hebben, en wie weet, is dat niet zo. Het is zelfs welhaast zeker dat ze in de meeste gevallen niet echt kwaad in de zin hebben. We moeten hier echter wel voor ogen houden dat een vijfjarig kind met een geladen revolver in het prille knuistje dat waarschijnlijk ook niet heeft.

Omdat geen mens in Nederland ook maar een iota van een idee had over een ver, vreemd land als Australië, had de Nederlandse Voorlichtingsdienst in de jaren vijftig informatieve avondjes geor-ganiseerd voor aspirant-emigranten, om te voorkomen dat die zich pardoes in situaties zouden storten die ze niet de baas konden. Want, hoewel haast iedereen wel wist dat er daar Engels gesproken werd, net als in Engeland en Amerika, hield voor het merendeel de practische kennis daar op. Ook waren we vagelijk bekend met de aanwezigheid van merkwaardige beesten zoals kangoeroes, maar het viel te begrijpen dat de Nederlandse Voorlichtingsdienst veel en veel betere informatie had, en waar een emigrant ongetwijfeld zijn voordeel mee zou kunnen doen. Hier hoorden wij het resultaat van verzamelde gegevens en diepgaand onderzoek, dat gratis aan ons verstrekt werd. Ons belastinggeld aan het werk.

Daar zaten we dan, met nog een vijfigtal ondernemende durfers, op de houten stoeltjes van een Utrechts schoollokaal te luisteren naar een ietwat buikige, bebrilde ambtenaar, die al jaren ambtshalve gelijk had gehad in alles wat hij zei. Hij was van gemiddelde hoogte en zijn broek was net even te hoog opgetrokken. Zijn haar werd precies in het midden gespleten door een kaarsrechte scheiding. Niet dat dat ergens mee te maken had. Hij verstrekte feilloos antwoorden op de meest uiteenlopende vragen, die uiteraard niet van de lucht waren. Vergeet niet dat emigranten in hun hart onverbeterlijke avonturiers waren, en niet ontbloot van fantasie en ondernemingsgeest.

"Ik heb gehoord dat er in Australië geen mattekloppers te koop zijn," zei iemand. "Mijn neef schreef dat. Zou dat niet een mogelijkheid openen voor een klein fabriekje?"

Dat leek de Voorlichter wel. Er was *Down Under* blijkbaar een groot gebrek aan ondernemende mensen, die het land vooruit konden helpen.

"Boordeknoopjes!" riep een ander. "Ik heb een oom in Perth en die heeft er stad en land voor afgelopen, maar heeft ze niet te pakken kunnen krijgen."

Ook het vervaardigen van zulke voorwerpjes werd van ambtshalve een redelijk voorstel gevonden.

Een aantrekkelijke jonge vrouw stak haar hand in de lucht en kreeg de gelegenheid openbaarheid aan haar begrijpelijke nieuwsgierigheid te geven.

"Zou het daar mogelijk zijn om een stuk land te kopen en zelf je eigen huis te bouwen? Dat lijkt ons zo leuk, je huis zelf bouwen. Want dan zou ik daar vast aan kunnen beginnen terwijl mijn man werkt."

De ambtenaar schudde meewarig het wijze hoofd en keek haar over zijn metalen brilletje fronsend aan. "Mevrouw," zei hij met een berustende zucht, "Met zulke fantasie-ideeën kunt U maar beter thuis blijven. Als U daar komt zult U ondervinden dat emigreren harde werkelijkheid is en dat uw man alle hulp nodig zal hebben die U hem maar geven kunt. Denkt U daar maar eens goed over na."

Nou, daar was ik het roerend mee eens. Ik keek zo eens naar deze aanvallige dame en ik kon zonder veel moeite met een stuk of wat suggesties opkomen waarmee ze haar man bij zijn thuiskomst na een vermoeiende dag werk een pleizier zou kunnen doen.

Nadat alle vragen tot volle tevredenheid beantwoord waren werd ons een boekje uitgereikt, waarin onder andere huurprijzen behandeld werden. Een flink huis deed dertig shilling per week. Dat stond toen gelijk met twaalf, dertien gulden. Dat was wel wat meer dan de 35 gulden die wij in Utrecht per maand betaalden, maar geen dringende reden om een eigen huis te gaan bouwen. Ook stond het vol met vrolijke foto's, waarin energieke jonge mensen hun tijd verbrachten met tennissen, golfen, paardrijden, zwemmen en zo, allemaal onder een prachtige blauwe hemel—geen wolkje aan de lucht, *no sir!*

Om de dingen even in zijn perspectief te zetten: Matten werden niet geklopt in Australië. Een mat werd neergelegd en bleef liggen tot ongeveer een jaar nadat er een gat in gesleten was. Dan werd hij verwijderd en vervangen door een nieuwe mat, hoewel ik er bij behoor te vermelden dat dit pas werd gedaan nadat eerst de vloer er onder geveegd was.

Boordeknoopjes? In al de tien jaren die wij in Australië door- brachten hebben wij nog nooit een Australiër ontmoet die zelfs maar het vaagste idee had dat er losse boorden bestonden, die door middel van een metalen verbindinkje aan een boordloos overhemd gekluisterd konden worden. Zelfs 's zondags liep het merendeel in een halfhemdje rond. Een outfit als overhemd met das, in dat klimaat, was gereserveerd voor trouwpartijen, begrafenissen en soortgelijke unieke gelegenheden en werd na de plechtigheid zo snel als maar fatsoenlijk was vervangen door een *sweatshirt*.

Een andere goedwillende Regeringsinstantie had ons op een dag naar Brisbane, in Queensland, doen trekken. Dit was het Australische Arbeidsbureau in het opvangcentrum in Bathurst, New South Wales [zie verhaal "Wennen"]. Ik had me daar vervoegd, maar ze wisten niet meteen raad met me. Ik had nogal wat moeite om de juiste Engelse term te vinden voor mijn branche, dus toen ik met wat horten en stoten uitgelegd had dat ik m'n brood verdiende met gekke poppetjes tekenen en daar verhaaltjes bij te bedenken hadden ze elkaar eerst wat begrijpende blikken toegeworpen en me na geruime tijd beraadslagen ondergebracht onder de rubriek *Commercial Artist*.

Op een dag werd ik geroepen.

"Weet U iets van kleurenmengen af?" vroeg de beambte.

Nou weet ik al jaren dat je groen krijgt als je geel en blauw bij elkaar gooit en paars als je dat met rood en blauw uithaalt, dus ik zei beleefd, "*Yes, sir.*"

"Dan heb ik iets voor u," kondigde de man, in naam van zijn Regering, tevreden aan. "Een verffabriek in Brisbane vraagt om een kleurenmenger. U wordt opgeleid, zegt het hier."

Dat leek me wel wat, als een eerste baantje. Met zo'n witte stofjas aan in een lief, zonnig kantoortje aparte kleurtjes bedenken. Even kwam mij de bekende reclame *"Verf Van Vettewinkel"* uit Amsterdam, voor de geest, maar ik schoof die schim gelijk terzijde. Dit was Australië! Dit was een groot, groot land, met enorme bedrijven, waarnaast Vettewinkel een klein prutswinkeltje was. Enthousiast nam ik deze geweldige kans aan. Wat een goed begin!

Ik kon onmiddellijk beginnen, had de man van het arbeidsbureau gezegd. Zó uit de trein de fabriek in.

Naar Queensland dus. Niet naast de deur, maar een kans is een kans. Vrouw en drie kleintjes geparkeerd in een nabij hotel, in afwachting van het huis, dat we even tot de volgende dag moesten uitstellen; werk ging voor.

De verffabriek was een kleine uit ongeverfde golfplaten opgetrokken schuur. Binnen zag je een half dozijn horizontaal opgestelde 200-liter vaten, die ieder afzonderlijk door een band aan het draaien gebracht konden worden. Verf werd geproduceerd door het terdege mengen van lijnolie, terpentijn, kleurpoeder en misschien nog wel wat andere geheimzinnige ingredienten. Hoewel ik daar niets mee te maken had keek ik toch geinteresseerd toe hoe de voorman de vereiste bestanddelen in een van de tonnen wierp, tezamen met ongeveer vijftig glimmende, massief stalen ballen, ieder zo'n vijf centimeter in diameter. Ik zag toe hoe hij het vat hierna nauwkeurig sloot en het geval aan het draaien bracht.

Het geluid dat vijftig stalen ballen maken die rondvallen in een vrij snel draaiende metalen ton is mij niet gegeven te beschrijven. Oorverdovend is wat mij betreft een verkleinwoord hier. Toen ik wilde vluchten met m'n handen op m'n oren, hield de voorman mij tegen.

"Kom!" las ik van zijn lippen. Hij leidde mij naar een andere ton, waarvan de vers gemengde verf blijkbaar al verwijderd was. Hij trok een luik onder in het vat open en liet met donderend lawaai vijftig gifgroene ballen in een emmer denderen. Hij gaf me een schone emmer, een groot blik verfverdunner, een paar rubber handschoenen en een rubber voorschoot en riep over het lawaai heen, "Ballen wassen!"

Om negen uur was ik groen tot aan mijn ellebogen en omstreeks elf uur rood tot onder mijn oksels. Ik besloot dat dit niet de carrière was waarvoor ik Nederland verlaten had en liet dit de voorman weten. Hij knikte begrijpend; ik zal niet de eerste geweest zijn die zijn werkkring niet wilde delen. Hij betaalde me voor de uren die ik gewerkt had en wenste me het beste.

Brisbane, zoals ik al zei, is niet naast de deur. Niet dat ik al een deur had waar Brisbane naast had kunnen zijn, maar je gaat niet zo maar weer de trein in en terug naar New South Wales, waar we uiteindelijk toch ook nog niets te verhapstukken hadden. Ook ga je niet meteen de boot weer op, terug naar Nederland.

Het leek ons beter voorlopig maar te blijven waar we waren, even vlug een huis te huren, en een ander baantje te zoeken, gaf niet wat. Pioniers toch zeker?

Krant gekocht. Pagina's met kleine advertenties. O, kijk, *"Houses to let."* Dat zal wel "te huur" betekenen. Nou zeg, daar begint de lijst al met een drukfout. Slechts 10/10 [tien pond en tien shilling]; ze bedoelen natuurlijk 1/10. Hier is een tweeslaapkamer, met een *chipheater.* Wat zou *dat* zijn? Slechts 8/8. Acht pond acht shilling? Waar staat dat huis dan wel? O, er staat een plaatsnaam bij: *Darra.*

"Schat, kun jij eens even op de kaart van Queensland kijken waar Darra ligt? Zal wel net zo iets zijn als Den Haag."

"Waarom Den Haag?"

"Nou, ze hebben daar een huis te huur voor acht keer de huurwaarde. Klein zenuwachtig lachje hier achteraan.

"Beter nog maar wat verder zoeken. Nog een voor 8/8. *Fenced.* Wat zou dat zijn? Hier is er een voor 7/7. Eén slaapkamer maar, te klein voor ons. Wat zouden ze toch bedoelen met *"No ch."*? Dat staat haast overal bij. Kijk, hier weer: *"No ch."*

"Misschien nemen ze geen checks aan. Alleen baar gelds." "Nee, zeg! Hier, onderaan, bij die van 15/15, staat het voluit bij: *No children!"*

EEN PAAR JAREN LATER.

Het was lunchtijd en we zaten ons in de schaduw van onze eik met sandwiches en thee naar lichaam te versterken. Overal op ons stukje land lagen stapels hout, stenen, golfplaten, zakken cement, bergen zand, en hamers, zagen, beitels en bakken met spijkers. Over harde werkelijkheid gesproken!

Iedere immigrant wist, niet verschrikkelijk lang na onverschrokken voet aan Australische wal gezet te hebben, dat de enige manier om in dit land in leven te blijven was om zo snel mogelijk een aanbetaling op een stukje land te maken en daar met de grootste spoed een onderkomen op te richten, hoe beknopt of bescheiden dan ook. Dit mocht een tent zijn, of een garage, of één van de kamers van het later te voltooien huis; het gaf niet wat. Als er een dak op zat was je voorlopig uit de brand wat wonen betrof. Niet dat dan al je problemen opgelost waren, maar je hoefde dan niet meer je totale inkomen aan je huisbaas af te staan, waardoor het ineens mogelijk werd je gezin van kruideniers- en vleeswaren te voorzien. Want hoewel je je kinderen voor een lange tijd in onwetendheid had kunnen houden, kwamen ze er toch op een dag achter dat sommige mensen wel eens drie maal per dag aten. Maar ja, als je zeven pond in de week verdient en je huur is acht, kan zelfs een kind begrijpen dat je daar niet veel aan overhoudt.

Het bezitten van vastgoed was het meest essentiële deel van het emigreren. Als je dit twee weken na aankomst nog niet door had, had je wel met klepjes op je oren gelopen, want het was het gesprek van de dag, het zwaartepunt van het bestaan. Je stond er mee op en je ging ermee naar bed. Een eigen huis bouwen was puur zelfbehoud.

In Holland woont het merendeel van de bevolking in meestal door bouwverenigingen opgezette huurhuizen, maar dat is lang niet de regel in de rest van de wereld. In Australië was dat misschien 10%, want daar is het de gewoonte dat je zelf voor je dak zorgt. Omdat ik in de grond van de zaak een stomme hond ben, die alles beter weet, had ik me zo lang mogelijk met hand en tand verzet tegen de probeersels van m'n vrouw om me van de voordelen van huizenbezit te overtuigen. Ik was het nog steeds vaag eens met de Utrechtse Voorlichter, die die avontuurlijk gezinde dame zo op haar nummer gezet had. Maar er was op den duur geen ontkomen aan: zonder eigen huis had je in Australië geen schijn van kans.

Daarom zaten we die dag onder onze eigen eik, op ons eigen land, naar onze eigen bouwmaterialen te staren. Met blaren op onze handen, cementspatten op onze werkkleren en opdrogend aanschijnszweet op onze voorhoofden. En daarom dacht ik aan die dame in Utrecht. De enige die de harde-werkelijkheids-spijker op de kop geslagen had. Misschien wilde ze haar eigen huis bouwen uit zucht naar avontuur omdat dat in Nederland vrijwel onmogelijk is zonder allerlei vakmensen in te huren en architecten aan te laten rukken. Maar als zij de voorlichtende raad in de wind geslagen heeft en tegen beter weten in naar Australië gegaan is weet ik welhaast zeker dat zij minder moeilijkheden gehad heeft dan vele anderen.

En ik vraag me nog steeds af waar die Voorlichters hun informatie vandaan haalden. Dertig shilling huren bestonden wel, maar niet voor de eerste de beste immigrant. Dan moest je al wel een jaar of tien in hetzelfde huis gewoond hebben.

Na dit soort belevenissen had ik voor een tijd een minder hoge dunk van Regeringen en hun instanties, maar ik vermoedde dat dat wel weer bij zou trekken. Ik moet echter mededelen dat het met de dunk al sinds 1950 slechts bergafwaarts is gegaan.

Iedere domheid, verkwisting, corruptie, onwaarheid, bemoeizucht en arrogantie door Regeringen in de wereld bedreven deed de dunk weer een streepje verder zakken. De bodem is haast bereikt.

Wennen

ALS je in Holland geboren bent en je hebt daar tot je dertigste gewoond weet je onderhand wel dat je geboorteland nauwelijks 150 kilometer wijd is en nog geen 300 kilometer meet van Maastricht tot Schiermonnikoog, dat het binnen mensenheugenis wel eens gebeurd is dat de zon er meer dan veertien dagen achter elkaar geschenen heeft en dat het er voor de rest van het jaar regent, hagelt, mist, sneeuwt en waait of stormt. Ook weet je dat het een belastingsysteem heeft met ingebouwde duimschroeven en dat ons Teutonisch buurvolk, om het niet onvriendelijk te zeggen, nog wel eens wat moeilijkheden veroorzaakt heeft.

Dit waren een stuk of wat van de redenen waarom er 's morgens om half tien op het eerste perron van Sydney *Central Station*, in Australië, een twintigtal middenstandsgezinnen verzameld stond, gereed om naar het opvangstation in Bathurst voor immigranten getransporteerd te worden.

Landverhuizers. Een echtpaar dat een boutique had gedreven in Scheveningen, twee dochters; twee compagnons die een goedlopende zaak in verf- en aanverwante artikelen in Den Haag hadden verkocht om zich in Australië te gaan vestigen, een ervan werd makelaar in onroerende goederen, twee vrouwen, vier kinderen; en boekhouder van een grote firma in Halfweg, vrouw en acht kinderen, werd later huisschilder; een reiziger in banketbakkersartikelen uit Alkmaar, vrouw en twee kinderen, werd een van de grootste bouwondernemers in New South Wales.

Emigranten, vanuit het Hollandse standpunt. Immigranten, vanuit het Australische. Landverhuizers niettemin.

Iemand vroeg aan een Australiër waar het lag, Bathurst. "Bij Sydney," antwoordde hij. Kersvers uit Holland geeft "bij" de indruk van zo'n 15-20 kilometer. "Bij Amsterdam" is Halfweg. "Bij Rotterdam" was misschien Delft, maar dat was eigenlijk al een beetje te ver voor "bij". Het was dus verklaarbaar dat het antwoord "Bij Sydney" bij deze honderd grasgroene Hollanders, allemaal behept met dezelfde trekschuitmentaliteit de verwachting opwekte om een uur of elf alweer ergens op de koffie te kunnen zitten.

Bathurst ligt in de *Blue Mountains*, ruim 180 km ten westen van Sydney. De trein moet over de *Dividing Range*, die pieken heeft van meer dan 2500 meter. Stoomtreinen zijn niet erg efficiënt in bergen. Dit was een stoomtrein. Wat tegenwoordig een electrische trein zou doen in een uur of twee, deed deze stomer in zes. En met iedere meter die de trein steeg in deze bergrug daalde de temperatuur.

Een Nederlandse Regeringsinstantie had het Australische klimaat terdege bestudeerd en met de emigranten behandeld om te voorkomen dat zij zich onverhoeds met de verkeerde kledij op weg zouden begeven. Foto's van bloeiende tropische gewassen, afbeeldingen van in bikini's gehulde jongedames en in shorts geklede jongemannen, zich vermeiend aan duidelijk warme stranden, had de moderne landverhuizers doen concentreren op het exclusief exporteren van zomerdracht en het verkopen of weggeven van overbodige kledingstukken zoals bontjassen en flanellen ondergoed. Dit zijn dezelfde stranden waarover een kunstzinnige huisschilder, op een avondje van de Hollandse Club, een wrang liedje geschreven heeft, en zeer bedreven voorgedragen, waarin voorkwam:

> Je hebt wel geen tijd om er zelf heen te gaan,
> Maar 't is toch prettig te weten dat ze bestaan!

Verwarming van treinen bleek nog wel niet doorgedrongen in dit werelddeel. Het kan natuurlijk ook zijn, dat alle energie die de locomotief kon opbrengen besteed moest worden om die trein over de bergrug te hijsen. Dus met hun overjassen in Amerongen en Tietjerksteradeel, met bontjassen in Utrecht en Scheveningen, met dekens onbereikbaar in de Grote Bagage, deden de reizigers hun best warm te blijven door zich van top tot teen te bedekken met hun hele kofferinhoud. Zomerkleren zijn echter van het soort materialen vervaardigd die je koel moeten houden en daar slaagden ze dan ook prima in.

De Nederlandse Voorlichtingsdienst had nog maar weinig vrienden over na de eerste drie uur en mag blij zijn dat ze geen vertegenwoordiger meegestuurd hadden gedurende de volgende drie, want strijdlust steeg evenredig met de zakkende temperatuur.

Laat in de middag werden de Hollanders koud, humeurig en hongerig in Bathurst ontladen en in eveneens onverwarmde bussen naar het ontvangcentrum vervoerd. Verwarming was blijkbaar een van die technologische nieuwe aardigheidjes waar Australiërs, taaie jongens die ze waren, zich nog niet mee ophielden.

Het opvangkamp in Bathurst was een plaats waar je graag wat tijd zou willen doorbrengen als je geen andere zaken aan je hoofd had, zoals bijvoorbeeld geld verdienen. Het was prachtig gelegen, in de bergen, in een heerlijk rustige omgeving, warm overdag, met koele avonden en hartstikke koude nachten, en met uiteraard de zuiverste lucht die een stadsmens zich maar kan voorstellen: een uitgelezen vacantie oord.

Het bleek dat het een door-het-leger-verlaten barakkendorp was, dat de Australische regering welwillend beschikbaar gesteld had voor niet-Engelse immigranten. (De Engelsen zaten in een soort motel, vlak bij Sydney, met het gezicht op de prachtige haven, en heerlijk warm.)

De nieuw gearriveerden werden ingeboekt, verdeeld over de verschillende barakken, gewezen waar de kantine was (er was geen kookgelegenheid in de barakken), en verteld waar ze dekens konden gaan halen, zes per persoon.

Normaal ziet een mens nooit een stapel van dertig dekens op zijn huiskamertafel, en die toren deed het vertrouwen in het klimaatsonderzoek van de Nederlandse Voorlichtingsdienst nóg een paar punten zakken. En toen het bedtijd werd, en dezelfde nacht nog bleek dat zes legerdekens wel een oncomfortabel gewicht vertegenwoordigen, maar bar weinig warmte geven, was het te begrijpen dat ze zich goed bij de neus genomen voelden.

Veel later, in een vergevingsgezinde stemming, werd het duidelijk dat het personeel van de Voorlichtingsdienst ook maar uit alledaagse Hollanders bestond, met net zo'n vaag idee over klimaten en afstanden en toestanden in den vreemde als de rest van hun landgenoten. Denk aan het volgende:

Australië is *tweehonderdveertig* maal zo groot als Nederland. Van Noord naar Zuid bestrijkt het een afstand van Amsterdam tot Timbuktoe, in de Sahara woestijn. Van West naar Oost strekt het van Amsterdam tot een punt ver voorbij Moskou, in een streek die bekend staat als Siberië. Als je dus net uit Holland komt en je aan een Australiër vraagt wat voor een klimaat zijn eiland heeft, en zijn antwoord is "warm," dan slaat hij de plank niet zover mis.

Ons King Pepermunt Wereldatlasje van 1958, dat we over de hele wereld meeslepen en waaruit ik alle hier-gebruikte gegevens heb geput, geeft zes klimaten aan voor Australië:

Woestijn
Steppe
Warm met droge zomer
Warm met droge winter
Vochtig gematigd
Periodiek droog Savanna.

Zes klimaten. Allemaal nogal warm. Wie zal het de Voorlichtingsdienst ooit kwalijk kunnen nemen dat ze van *berg*klimaten niets afwisten? De hoogste berg in Nederland is 216 meter, kijk het maar na, in je eigen King Pepermunt Atlas.

Uit

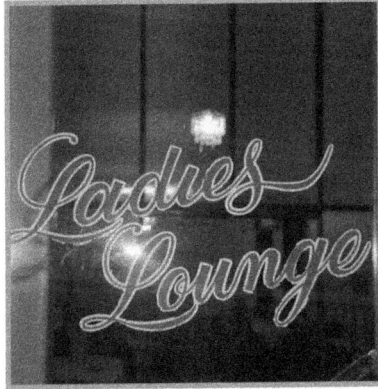

HET uitgaan, in Australië, had haast altijd wat primitieve eigenaardigheden. Pas gearriveerd in Queensland gingen we eens samen op een avond gezellig een glaasje wijn drinken. Vanwege het voorlopig nog onopgeloste huizenprobleem woonden we toen nog in een grote legertent op een kampeerterrein aan de Oostkust. Wij konden de drinkgelegenheid die we met een bezoek wilden vereren in de verte zien liggen. De kinderen sliepen en werden bewaakt door een vriendelijk Australisch echtpaar, zodat wij ons onbekommerd konden gaan amuseren.

Netjes aangekleed meldden we ons bij de vooringang van het café, dat na betreding een tafereel onthulde van een solide massa luidruchtige mannen, die, drie rijen dik staande voor een soort balie, een zo groot mogelijke hoeveelheid bier in een zo kort mogelijke tijd in het keelgat aan het storten waren, alsof het een wedstrijd gold.

Toen m'n vrouw naar binnen wilde stappen werd ze echter door een geschrokken vrouweljke employee weer de straat opgeduwd.

"No, no, no!" riep ze met een van angst verwrongen stem. We deinsden onthutst terug.

61

In Australië mochten vrouwen namelijk niet in de *pub*. Hoewel "pub" een afkorting is van "public house," "public" bestond uitsluitend uit het mannelijk deel van de bevolking; vrouwen waren daar niet bij inbegrepen.

De angstige employee dirigeerde ons naar de achterzijde van het pand, waar we een deur vonden die "Ladies Lounge" zei, met wat scheve letters op een klein kartonnen bordje. De bescheiden toon van deze aankondiging bleek ten volle gewaarborgd, want de "*ladies lounge*" bestond uit een hokje van 2 x 3 meter, schaars verlicht door een stoffig 25-kaars peertje, dat bloot, aan een wollig-uitziende electrische draad van het donkere plafond neerzeeg. Aan een van de muren stond een onbedekt ruw-houten tafeltje, geflankeerd door twee sinds het verlaten van de meubelfabriek nog nooit schoongemaakte stoelen. In de muur boven het tafeltje zagen we een gesloten luikje, waar dezelfde amateur met dezelfde kromme letters "Order Here" geschilderd had.

Onze voetstappen klonken hol op de tapijtloze vloer terwijl we naar de stoelen schreden. We zetten ons neer, want we waren de enige gasten en namen terecht aan dat de stoelen daar voor ons gerief geplaatst waren.

Ik tikte op het triplex van het luikje, dat vrijwel onmiddellijk met een klap omhoog schoof en het gezicht onthulde van de barmeid die ons zo pertinent van de voordeur weggebonjourd had.

"Hoeveel?" riep ze ongeduldig, haast wel zeker duidend op het aantal glazen bier dat we nog voor sluitingstijd zouden willen verorberen.

"Twee glaasjes witte wijn graag," bestelde ik op timide toon. Ze keek me aan met een gezicht dat er nu niet meer aan twijfelde dat ze met twee uit een gesticht ontsnapte patienten te maken had en smeet het luik zonder iets te zeggen met een nijdige klap weer dicht. Een paar minuten later ging het weer open en ze zette haastig twee glaasjes wijn op het bordesje van het luikje neer. "Dat is drie shilling," gebood ze, de hand aggressief ophoudend. Ik legde er drie shilling in, waarop ze prompt weer verdween, als een duveltje in een doosje.

We keken elkaar aan voor zover dat mogelijk was in het half-donker.

"Ben je leuk uit?" vroeg m'n vrouw, terwijl we proestend klonken met de glaasjes.

Dit is altijd tussen ons een gevleugelde uitdrukking gebleven, keer op keer gebruikt in overeenkomstige situaties. Een soort moeilijk te vergeten Australiana.

Australië stond bijvoorbeeld ook niet bekend door de voorkomendheid van zijn bedienend personeel.

Zo waren we eens in Sydney, moegewinkeld aan het zoeken naar een gelegenheid om onze voeten even van ons gewicht te ontheffen. Je kon namelijk geen auto in de binnenstad van Sydney parkeren. Die liet je achter in een van de voorstadjes, bij de eindhalte van de tram, waarmee je dan je reis vervolgde. De enkele auto die je wel eens zag was bemand door de ene helft van een echtpaar, die langzaam maar doelbewust om het blok cirkelde, terwijl de andere helft nog aan het winkelen was. De chauffeur moest dan met argus-ogen het moment in de gaten houden waarop de andere helft het winkelen volbracht had, zodat die van het trottoir opgepikt kon worden.

In een drukke eetzaak vonden we een leeg tafeltje en zegen dankbaar neer. Hongerig waren we niet, dus we bestelden alleen een potje thee. De al wat oudere serveerdame nam deze geringe bestelling met tegenzin op, tegenzin die niet uitsluitend veroorzaakt werd door de minimale order. Het was ons dikke buitenlandse accent dat haar de stekels deed rijzen.

Je zou denken dat je buitenlanderschap niet onmiddellijk op de voorgrond treedt als je alleen maar "twee thee" zegt, maar dat is een voorstelling van zaken die slechts voorgeschoteld kan worden aan niet-ingewijden in slecht doordachte spionnenfilms. In werkelijkheid hoef je maar je keel te schrapen en er roept al iemand, "Waar kom *jij* vandaan?" Geloof me, ik weet waarover ik spreek: na zowat 50 jaar in den vreemde vragen ze het nog steeds.

Iedere geboren Australiër die wel eens in een krant keek wist dat er geen goeds verwacht kon worden van "Nieuw-Australiërs." Want nog afgezien van de koude rillingen die zo'n griezelig accent over hun ruggegraat produceerden stootten wij ze het brood uit de mond en droegen gemene steekwapenen en ander verborgen wapentuig met ons mee, waardoor onschuldige Australiërs zich voortdurend in een staat van zelfverdediging bevonden.

Na het opschrijven van een bestelling horen diensters op vriendelijke toon te vragen "Is *dat* alles?" met de klemtoon op het tweede woord, om er zeker van te zijn dat je niets vergeet te bestellen om zo te voorkomen dat je misschien hun pand onvoldaan verlaat. Die van ons echter knalde haar boekje spinnig dicht en riep luid schallend door de tjokvolle tent, "Is dat *alles*?"

Je kunt iemand vernietigen door alleen maar de klemtoon te verleggen.

In een Australische krant vonden wij eens een ervaring weergegeven door een tweetal Amerikaanse journalisten, die in een landelijk restaurant diner hadden besteld, beiden met een stuk vlees, of "steak." Een van de journalisten voegde aan zijn bestelling optimistisch toe, "Voor mij biefstuk graag."

Zonder blikken of blozen riep de serveerster tegen de kok, achterin de zaak:

"Twee vlees, één met een scherp mes."

Acht

IK was op zoek naar werk in Sydney toen ik meneer Hooimans ontmoette. Hij werkte bij een krant waar ik naar binnen gelopen was met het oog op een eventuele baan. Toen ik m'n mond open deed vroeg de secretaresse onmiddellijk waar ik vandaan kwam, want m'n accent kon je toen nog met een bot mes snijden.

Ik legde uit dat ik uit Holland afkomstig was, en noemde zelfs Amsterdam, waarop ze meteen geïnteresseerd zei dat ze al eerder met Skandinaviers te doen had gehad. Australiërs zijn op het gebied van geografie wat vaag. Omdat ze geen buren aan hun grenzen hebben, alleen maar grote plassen water, is dit misschien te begrijpen. Ze wist echter wel waar Queensland lag, want toen ik zei dat ik voor de Brisbane *Courier Mail* werkte, deelde ze me mee, dat ze wel eens in Toowoomba geweest was, waar ze een zuster had wonen. Ze kende dus ook die krant wel, want die verscheen over de hele staat. Ze vroeg wat ik daar deed, en toen ik zei dat ik een *staff artist* was, riep ze meteen dat ik dan maar eens meneer Hooimans moest gaan opzoeken. Tweede verdieping, helemaal achter in de gang.

"Hij is ook van Holland," zei ze. "Is dat dichtbij Noorwegen?"

"Een beetje wel," zei ik. Ik had namelijk al eens eerder zo'n gesprek gehad en wist dat het nergens toe leiden zou om in moeilijke details te treden.

"Wat doet meneer Hooimans?" vroeg ik. "Is hij een journalist?"

"Nee, hij is een illustrator, net als u."

Nu ben ik geen illustrator. Wat ik in Brisbane bij die krant deed had maar zijdelings met illustreren te maken. Ik was een *Press Artist*, meer een manusje-van-alles op het gebied van grafische kunst. Ik deed hoofdzakelijk lettering, af en toe de foto pagina, inkleuren van cartoons voor de *Sunday Mail*, en heel af en toe een simpele reportage met wat beschijvende tekeningetjes. Toen ik pas in Australië was had ik in m'n onnozelheid al eens de fout gemaakt om te zeggen dat ik een illustrator was, bij gebrek aan kennis van de taal. In Holland was ik een striptekenaar. Dat staat weliswaar iets dichterbij het idee *illustrator*, maar er is een groot hiaat tussen het een en het ander. Als ik toen geweten had dat er zoiets als Press Artist bestond, had ik me een jaar ellende kunnen besparen, want in die dagen bestond er blijkbaar een nijpend gebrek aan dat soort mensen. Die dag dat ik in Sydney was, was Australië net in een recessie en de kans op een betrekking was vrijwel nil.

Ondanks dat leek het me geen kwaad te kunnen doen om die Skandinavische meneer uit Holland even op te zoeken, hallo te zeggen, en een balletje op te gooien over eventuele toekomstige werkmogelijkheden.

Ik liftte naar de tweede verdieping en vond meneer Hooimans inderdaad aan het eind van een lange gang. Omdat ik toen zelf nog steeds rondliep met een boord en een das, leek hij mij nogal slordig gekleed. Hij was een lange, magere man, met zo'n echte Hollandse kop, met veel haar dat nodig geknipt moest worden en wat warrig over het open boord van zijn shirt hing. Zijn broek was aan een persbeurt toe en zijn shirt vertoonde wat kleine vetvlekjes.

"Meneer Hooimans?"

Hij keek verrast op toen hij zich in het Nederlands aangesproken hoorde en bood mij meteen zijn uitgestoken hand aan. Ik zag nu dat hij een vriendelijk gezicht had, met scherpe trekken en veel lachlijntjes rond zijn ogen.

"Kom binnen jong!" zei hij. Hij sprong op, greep wat krantenknipsels van een stoel en smeet ze op zijn tekentafel. "Neem plaats! Ik zie niet veel Hollanders hier opdagen. Wil je een kop thee?" Hij had een soort accent in het Nederlands dat ik niet meteen kon thuisbrengen.

Zonder thee draaide de wereld niet in Australië, net zo min als in Engeland. Dus thee werd onmiddellijk gebrouwen—zoals iedere andere Australiër had hij een electrische waterketel—en terwijl wij wachtten tot het water kookte liet hij me het soort werk zien dat hij deed voor de *Sydney Morning Herald*. Zijn tekeningen hielden het tussen cartoon en realistisch; het zou *whimsical* genoemd kunnen worden als je het beslist een catagorie zou moeten geven. Hij was goed, daar was geen twijfel aan. Hij vroeg wat ik deed en ik vertelde hem dat ik bij de *Courier Mail* werkte in Brisbane.

"Ah!" zei hij. "Een ochtendblad! Dat is altijd laat werken, he?"

Ik zei dat ik daarom aan het proberen was om een baan bij een avondblad zoals de *Herald* te krijgen.

"Ja, je bent veel beter af met een negen-tot-vijf job, zoals dit."

De thee werd ingeschonken en we zaten gezellig een poosje te drinken.

"Hoe lang bent U al uit Holland weg?" vroeg ik.

"Nou . . . ik heb eigenlijk nooit in Holland gewoond. Ik ben in Indonesie geboren. En getogen, kan ik wel zeggen. Mijn ouders gingen pas een keer naar Nederland toen ik al veertien was."

Ah. Dat was dus dat accent dat ik niet thuis kon brengen.

"Maar ik ben nu alweer zestien jaar in Australië. En noem me maar Jack. Dat doet iedereen hier. En je hoeft ook geen "u" tegen me te zeggen, hoor. Zeg maar gewoon jij." Als hij "Jack" zei klonk het als "Zjek."

We praten nog wat over ditjes en datjes, en toen de thee op was, was het lunchtijd.

"Kom op jong," zei hij, opstaand. "We gaan *fish and chips* eten. De beste in de wereld. *Right here, in Sydney, Australia!*"

Het was natuurlijk ook lunchtijd voor de rest van het krantenpersoneel, want we gingen in een tjokvolle lift naar beneden en liepen een honderd meter naar het park, dat ook Hyde Park heet, net als in Londen. Een steeds groter wordend aantal mensen dromden voor een stalletje aan de rand van het park. Jack was blijkbaar niet de enige die dacht dat de gebakken vis hier op een hoog pijl stond. Het was dan ook prima, hoewel het verpakt werd in een ouwe krant. In Australië werd alles in ouwe kranten verpakt, zelfs vlees of gehakt. M'n vrouw had al eens geklaagd bij de slager, en gevraagd of hij het gehakt niet in een meegebracht schaaltje kon doen, maar daar wilde de man niet van horen.

"Als je een krant niet goed genoeg vindt moet je maar terug gaan waar je vandaan komt," had hij bars gezegd, met gin op zijn adem. Hoewel dit cru lijkt, was het misschien begrijpelijk. Al die mensen die van alle hoeken van Europa in hun land kwamen wonen vertegenwoordigden voor een geboren Australiër een onzekerheid, die zich uitte in een soort verzet. Ze zagen ons waarschijnlijk als even stelletje desperado's, die niets te verliezen hadden en alles te winnen.

We hadden dus een prettige lunch, waarna we terugkeerden naar zijn kantoortje.

"Ik ben een boek aan het schrijven!" zei hij, nadat we weer gezeten waren. Hij keek me triomfantelijk aan en grinnikte, even beetje verlegen dacht ik. "Over astrologie!"

Terwijl ik deze onverwachte ontboezeming zat te verwerken stak de redacteur zijn hoofd rond Hooimans deur en vroeg iets over de tekening waar hij mee bezig was. Jack begon hier uitvoerig over uit te leggen. Tot m'n verbazing leek zijn Engels nergens op. Dat had ik niet verwacht van iemand die al zestien jaar in Australië gewoond had. Zijn accent alleen al was pijnlijk genoeg, maar zijn zinsbouw en werkwoordvormen waren die van een prille beginner. Het was een beetje verontrustend. Ik was pas een jaar in Australië en dit deed me eraan twijfelen of ik ooit redelijk Engels zou kunnen leren spreken. Wat zwaarmoedig luisterde ik naar zijn gesprek, want ik moet hierbij even vertellen, dat een van de redenen waarom wij naar Australië geemigreerd waren was de taal. Ik tekende strips in Holland en deed mijn eigen teksten, in het Hollands natuurlijk. Met een taal als Hollands is je afzetgebied vanzelfsprekend beperkt tot Nederland, een stukje van België, heel misschien Zuid-Afrika en wat overzeese gebiedsdelen, zoals Curaçao. In mijn redenering (en verbeelding) ging ik van nu af aan strips produceren in het Engels, en dus voor een grote wereldmarkt. Jacks behandeling van de Engelse taal zette een grote domper op dit voornemen.

Nadat hij zijn business afgehandeld had en de redacteur vertrokken was, moest hij weer grinniken. Ik kreeg de indruk dat zijn gegrinnik een nerveuze gewoonte was.

"Over astrologie," vervolgde hij, alsof er geen interruptie plaatsgevonden had. "Wat denk je van de toekomst van de Aarde?"

Nu was het mij en vele anderen duidelijk, in 1952, na dat gedoe in de Tweede Wereldoorlog, met die atoombommen en zo, dat onze planeet geen grote toekomst had. De algemene gedachte liep in termen als totale vernietiging van de Aarde, met alles erop en eraan. We wisten toen misschien nog niet dat de bestaande natuurkrachten oneindig veel meer destructie konden aanrichten dan onze geringe probeersels. Dus ik zei iets in die geest.

"Ja," zei hij knikkend, en met dezelfde grinnik, "Heel goed gezien. Maar de sterren vertellen een ander verhaal over het Eind van de Wereld. Er gaan grote veranderingen komen. En de mensheid zal dat moeten gaan erkennen. Er gaat een tijd komen waarin een mens zal moeten kiezen."

"Kiezen? Wat kiezen?"

"Of hij aan deze wereld mee wil blijven doen of er zich van afkeren."

"En wat gebeurt er dan als je niet meer mee wil doen?"

"Ja, dat is nu de kwestie!" Hij keek me doordringend aan en stak zijn wijsvinger op. "Je moet begrijpen dat alles in het heelal beweegt in cirkels." Hij beschreef een cirkel in de lucht. "Nu gaat de galaxy op het moment zeg maar op deze manier." Zijn wijsvinger bewoog zich in de richting van de klok. Hij is begonnen bijvoorbeeld in de twaalf-uur-positie. We zijn nu in de elf-uur-positie aangekomen. Je kent natuurlijk wel de uitdrukking 'ter elfder ure'. "

Ik zei dat ik daar van gehoord had.

"De sterren zeggen dat als de aarde nu weer aan zijn beginpunt gekomen is, dus op de twaalf-uur-positie, gaat hij niet naar tien over twaalf, zoals je zou denken, maar hij gaat verder als in een figuur-acht!" Hij liet zijn vinger nu in een andere directie rondgaan. "En dat heeft allerlei consequenties."

"Wat voor consequenties?"

"Dat is het Eind van de Wereld!" riep hij opgetogen. "Ik zal je een voorbeeld geven." Hij tikte me met een uitgestoken wijsvinger op de borst. "Iedereen die niet ingezien had dat er veranderingen op komst waren en gewoon bleef doordenken op dezelfde stomme manier, met al dat geweld en zo, zal gek worden en kort daarna sterven."

"Jeetje!" zei ik. Ik dacht gelijk: nou, dat zijn er nogal wat.

"Het is een kwestie van hersens, zie je," zei hij vertrouwelijk. "Je hersens kunnen die nieuwe omstandigheden niet verwerken. Maar als je dus inziet dat we op het verkeerde pad zijn, word je als het ware beschermd door je eigen denkwijze. Dan blijf je leven. Dat is het Eeuwige Leven!"

Het was een vreemd scenario, maar ik zag er wel wat in.

"En hoe weten we nu dat de galaxy op dat punt gearriveerd is?" vroeg ik.

"Aha!" knikte hij, "goeie vraag!" Hij leunde achterover in zijn stoel en breidde zijn armen uit, met de handpalmen naar me toe. Hij zat daar alsof hij wilde zeggen: dat zal ik je nu eens even haarfijn uitleggen. "De sterren zeggen dit: vlak voor het einde komt er een grote aardbeving op Java. En er zal een vulkaan ontstaan in het midden van het eiland en die zal het eiland door een grote uitbarsting in twee gelijke delen splitsen. Dat zal het teken zijn dat het einde nabij is." Hij grinnikte weer, maar zijn stem bleef ernstig. "Jarenlang heb ik dit bestudeerd en dit is mijn conclusie."

Hoewel me de keus van Java in het wereldgebeuren wat overdreven leek, trok me de rest van deze gang van zaken wel aan. Ik wist niets van astrologie of astronomie; sterren waren gewoon sterren die tevoorschijn kwamen als de zon onder was. Ik had er nooit bij stilgestaan dat ze echt wel eens invloed op ons aardse bestaan zouden kunnen hebben.

"En daar ben je een boek over aan het schrijven?"

"Ja, ik wil het de wereld laten weten. Ik zie het als mijn plicht. Het is heel belangrijk."

"En doe je dat in het Engels?" Daar had hij een vreemde reactie op. Hij blies proestend lucht tussen zijn lippen door. "In het Engels?" zei hij minachtend. "Laat me niet lachen! Engels is geen taal. Het is een mengelmoes van allerlei andere talen. Daarom kan je in het Engels niks uitdrukken. Het is de armste taal ter wereld. Nee, ik doe het in het Nederlands. Er is geen rijkere taal dan Nederlands. In welke taal bestaat er nou bijvoorbeeld een woord als *volledig*?"

"Volledig?"

"Ja, denk 's na: hier is een woord dat beschrijft twee tegenstrijdige begrippen in een woord: 'Vol' en tegelijk ook: 'Ledig'. Hij keek me triomfantelijk aan, alsof hij een wereldschokkende ontdekking gedaan had. "Volledig! Kan je zoiets in het Engels doen? Natuurlijk niet!"

Ook daar had ik nooit bij stilgestaan. En ja, als je dat zo voorstelde was dat eigenlijk wel een merkwaardig woord. Ik keek wel tegen deze meneer Hooimans op. Hij schreef een boek over een moeilijk onderwerp, en hij had een slechte opinie over de Engelse taal, lijnrecht tegen het algemene oordeel van de rest van de wereld. Daar was moed voor nodig. Hij had Astrologie gestudeerd en hij kon nog goed tekenen ook. En ik kon hem gewoon "Jack" noemen en hem met jij en jou aanspreken!

Ik vertelde later tegen een vriend van mij, ook een Hollander, dat ik meneer Hooimans ontmoet had en wat ik van hem dacht. Hij was in Nederland een beëdigd vertaler geweest en had een heel andere kijk op meneer Hooimans dan ik.

"Die man kan misschien aardig tekenen, maar verder is het niet veel," was zijn schokkende opinie.

"Wat geeft je *dat* idee?" riep ik onthutst.

"Nou, dat kan je zelf ook wel nagaan!" zei hij, met even voor zichzelf sprekend handgebaar. "Iemand die na zestien jaar in Australië nog steeds niet behoorlijk Engels kan spreken heeft natuurlijk geen opleiding gehad in iets."

"Maar hij heeft astrologie gestudeerd!"

"Astrologie! Dat staat op hetzelfde peil als waarzeggerij en kwakzalverij. Het is net zo iets als sterrenwichelarij. Je weet wel, horoscopen en zo. Het is niet hetzelfde als *astronomie*. Dat is een *echte* studie. Astrologie is flauwe kul. En dat verhaal over Java, met die vulkaan, komt omdat-ie daar gewoond heeft. Dat heeft-ie natuurlijk opgepikt van de een of andere Javaanse medicijnman. En iemand die zegt dat-ie zo opgetogen is over het woord 'volledig' weet niet waar-ie het over heeft. Het heeft niets te maken met 'leeg'."

"O?"

"Nee, natuurlijk niet. 'Volledig' betekent 'met alle ledematen'. Zoek het maar op."

Ik heb het opgezocht en hij had natuurlijk gelijk. Hooimans was in een klap sterk in mijn achting gedaald.

En toch . . .

Toch betrap ik me er zo nu en dan op dat ik denk dat de galaxy nu wel aan het tweede gedeelte van die acht begonnen is. Want ik denk dat dat proces van gek worden al een tijdje aan de gang is. En ik hou Indonesie in de gaten, want je weet maar nooit, met al die vulkanen en Tsunamies.

Jack heeft toch nog een sterke invloed op me gehad.

Tongval

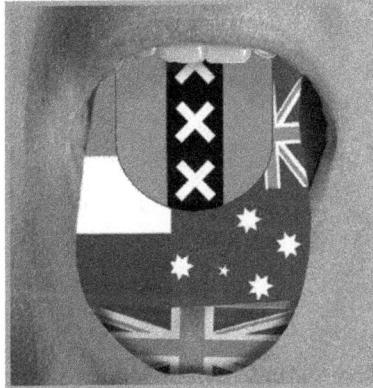

WIJ hebben eens iemand gekend, in Holland en ook later in Australië, die we nooit goed hebben leren verstaan. Hij was een bakker en broodbezorger in de stad Utrecht en wij kwamen uit Amsterdam, en hoewel dat in de grond al twee verschillende werelden zijn, was dat toch niet noodzakelijk het enige probleem. Er bestond dus een verschil in dialect. Bijvoorbeeld: Utrechtenaren noemen Utrecht "Utreg" en slikken over het algemeen de laatste T van een woord in. Zoiets moet altijd even wennen. Maar onze kennis had ook nog de gewoonte om binnensmonds te mompelen.

Hij sprak geen Engels toen hij naar Australië vertrok. Tegen dat hij er een jaar of wat was, en een banketbakkerszaak gekocht had in Sydney, had hij natuurlijk genoeg Engels opgedaan om rond te komen. Maar omdat hij zich in het begin niet erg thuis gevoeld had in die nieuwe taal was hij het mompelen als dekmantel gaan gebruiken om zijn geringe woordenkennis te camoufleren. Vermoedelijk was zijn Hollandse woordenschat ook al niet groot geweest, zodat hij na een paar jaar weinig anders dan Engels gehoord te hebben ook nog wat roestig begon te worden in zijn geboortetaal.

Wij zagen hem van tijd tot tijd en dan praatten we wat over onze belevenissen in den vreemde en hij deed dan af en toe ook een mompel in het zakje. Het was ons dan nooit helemaal duidelijk of hij zich in het Nederlands of in het Engels bewoog. Maar het deed weinig ter zake; verstaan kon je hem toch niet.

Kan een mens ooit zijn eigen taal vergeten, als hij die dertig jaar heeft gesproken en geschreven? Ik zou denken van niet. Eenmaal ontmoetten wij een prul van een vent, die drie weken nadat hij Australië binnengewandeld was voorgaf zich zijn moerstaal niet meer te kunnen herinneren. Hij had zelfs een Engels accent als hij zich met veel moeite een Nederlands woord voor de geest kon halen. Alleen was het het verkeerde accent: het kwam zo uit Hollywood.

Met Taal kun je je herkomst niet met succes verbergen. Zelfs na vijftig jaar in den Engelsen Vreemde hoef ik soms maar drie woorden te zeggen en m'n niet-engelse tong is al ontdekt. Meestal hebben de ontdekkers dan je nationaliteit nog niet correct vastgesteld. Het vermoeden bij eerste oorval is, "*Germany*," daarna "*Scandinavia*," alsof dat een taal op zichzelf zou zijn. Pas als je zegt "Dutch" kijken ze je aan of je gek bent, "Ik zei toch meteen al Dutch?" (In Pennsylvania bestaat namelijk de term "*Pennsylvania Dutch*," die echter een verbastering is van "Pennsylvania Deutsch." Veel Duitsers hebben zich daar gevestigd en de Duitse taal met meer of minder succes aan hun kinderen doorgegeven. Maar voor een anglosaksisch oor is er weinig verschil te horen tussen de woorden "Dutch" en "Deutsch.")

Een Hollander pikt een andere Hollander er zó uit. Ik zat eens in een trein tussen Sydney en Brisbane en luisterde zonder echt te luisteren naar een gesprek dat tussen twee medepassagiers in het Engels gevoerd werd. Twee mij totaal onbekende heren. Plotseling kwam het woord "tram" in de conversatie te pas en er was iets in de manier waarop een der heren dat eruit bracht dat mij sterk deed vermoeden dat het hier een Nederlander gold. De ander was zeer zeker een Engelsman—geen geboren Australiër. Het verschil tussen Engels-Engels en Australisch-Engels had ik al wel leren onderscheiden. Nog wat verder in het gesprek kon ik "Hollander" wat vernauwen tot "Amsterdammer."

Omdat het gesprek over de tram nog wat doorging kreeg ik plotseling een flits: hij sprak het woord uit zoals mijn oom Bertus het gezegd zou hebben. Oom Bertus was geboren en getogen in Amsterdam Oost.

De trein stopte ergens en de Engelsman stapte uit. Ik was nu alleen in de coupé met de gewaande Hollander. Wat doe je in zo'n geval? Je kunt toch kwalijk tegen een wildvreemde heer beginnen te praten en zeggen, "Komt U soms uit Amsterdam Oost?" De trein zette zich weer in beweging en ik dacht diep na over deze moeilijkheid. In Australië was het een beetje griezelig om iemand aan te spreken in een vreemde taal, of zelfs met een vreemd accent. De mogelijkheid bestond dat ik het volkomen bij het verkeerde eind had en dat de man uit Perth kwam of Alice Springs, waar ze misschien zo'n soort accent hadden. Niet waarschijnlijk, maar mogelijk.

Ik kon natuurlijk de min of meer veilige weg nemen en beginnen met, "Are you perhaps from Holland?" maar omdat ik in de grond van de zaak een flauwe clown ben, die altijd de aardigste thuis wil zijn, zag ik er meer aardigheid in om te kunnen zeggen, "Komt U soms uit Amsterdam Oost en kent U mijn oom Bertus?"

Ik dacht dat dat toch de beste aanloop zou zijn en begon met "K— .. ," totdat hij zich plotseling tot mij wendde en een beetje verlegen lachend zei, "Komt U soms uit Amsterdam?" Omdat ik niet onmiddellijk een adrem antwoord klaar had, met die "K—" nog steeds in m'n keel gaf ik niet onmiddellijk antwoord, waardoor hij misschien dacht dat *hij* het bij het verkeerde eind had. Nog steeds wat pijnlijk lachend zei hij, nu in het Engels, *"I heard you order coffee about an hour ago and there was something in the way you said 'coffee' that made me think: I bet that's a Dutchman. From my hometown."*

Ik wil hiermee maar zeggen: nog in geen honderd jaar verlies je je accent. Je tong staat zoals je die op school en op straat heb leren gebruiken en er helpt geen lieve vadertje of moedertje aan: Die tong is jouw taal. Het is niet voor niets dat in sommige talen de woorden voor Tong en Taal vrijwel gelijk zijn. Met die tong zit je en je neemt hem mee in het graf. En iedereen die denkt dat-ie na vijftig jaar geen accent meer heeft houdt zichzelf voor de gek.

En nou zou je misschien denken dat Tongval te maken heeft met de manier waarop je tong *valt* als je praat. Maar ik ben tot de conclusie gekomen dat dat niet zo is. Het is de val waarin je loopt als je in het buitenland je mond open trekt.

Je tong-val.

Klemtoon

E IGENLIJK is taal iets heel merkwaardigs. Want, hoewel het op het eerste gezicht lijkt of het alleen maar bestaat uit een slordig stelletje woorden die maar zo'n beetje aan elkaar geregen zijn en daardoor een zin vormen, zit er natuurlijk veel meer achter, dat kan een kind begrijpen. Toch, als je het goed bekijkt, is het heel apart dat je een zin een volkomen ander aanzien kan geven door bijvoorbeeld de klemtoon anders te leggen. Neem nou eens de volgende eenvoudige zin:

Vandaag geef ik m'n zoon een kwartje.

Als je de klemtoon op *vandaag* legt wil dat zeggen dat je dat niet morgen gaat doen, of de volgende week. Maar als je het op *geef* legt zou het kunnen betekenen dat je een andere keer wel eens een kwartje van *hem* had kunnen krijgen. Als je het op *ik* legt sluit je uit dat iemand anders deze financiële transactie zou behandelen. De klemtoon op *m'n zoon* is minder leuk voor je dochter, die er vandaag naast grijpt. En tenslotte als je de nadruk op het *kwartje* legt opent dat de mogelijkheid dat je je zoon teleurstelt, omdat hij misschien een gulden had verwacht. Dat zo'n klemtoon héél belangrijk is blijkt uit het volgende voorval dat in onze herinnering is blijven steken. Want een *Engelse* klemtoon uit zich wel eens in de woord-volgorde en dat is voor niet-Engelsen vaak een mysterie dat te maken heeft met idioom, of "taaleigen."

In Australië zag je nooit de melkboer. Deze leverancier verscheen omstreeks drie uur in de prille stille ochtend en je moet al bar nieuws-gierig zijn wil je om kwart voor drie uit je warme bed komen om je zuivelhandelaar te leren kennen. Communicatie met deze persoon vond plaats door middel van missives op oude enveloppen en openge-reten boterhamzakjes onzerzijds en wekelijkse rekeningen zijnerzijds.

De dag nadat de rekening kwam legden wij dan het totaalbedrag in baar gelds op de onbewaakte stoep. Iedereen deed dat zo en in discussies kwam het wel eens te pas hoe merkwaardig het was dat je nooit hoorde van diefstal, want zo'n melkwijkje moet toch aardig wat geld opgeleverd hebben. In de Verenigde Staten zou je zo'n systeem nog niet durven *voorstellen*.

Wij waren met z'n vijven, en iedere morgen stonden er drie liter melk trouw op ons te wachten. 's Avonds zetten we de lege flessen weer voor hem klaar; in die dagen kwam deze negotie nog in echt glas.

Omdat mijn vrouw nogal van karnemelk houdt had zij al eens op een envelop gevraagd, "Don't you have buttermilk?" maar daar was tot nu toe nooit antwoord op gekomen. Het kwam in ons op dat het heel goed mogelijk zou zijn dat de goede bestelbaas nog nooit van karnemelk gehoord had, want in die tijd stond warenkennis daar niet op de lijst van vereisten voor welk beroep dan ook. Ook lijkt het me niet uitgesloten dat karnemelk in Australië geen populaire drank was. Daar kan ik volkomen inkomen. De smaak van dat spul is nog tot daaraantoe, maar wie kijkt er nu zonder griezelen naar zo'n leeg-gedronken glas?

Op een zekere vrijdag echter bleken haar papieren onderhande-lingen toch vrucht gedragen te hebben: De melkboer had onderaan de rekening geschreven, "I now have buttermilk". Onze mysterieuze handelaar had ons dus toch niet vergeten. Dadelijk schreef mijn echtgenote, *"Three milk, one buttermilk,"* en ja hoor: daar hadden we maandagmorgen een extra fles, met een blauw dopje in plaats van een zilveren.

Die fles was zo op. Het was blijkbaar heerlijke karnemelk. Eigenlijk was één liter wel wat weinig. De kinderen vonden het een uiterst geslaagde versnapering. Nieuw briefje, *"Three milk, two buttermilk daily".*

Dinsdagmorgen: Vijf flessen, drie zilver, twee blauw. Hiervan bleef ongeveer een halve fles karnemelk over, die de volgende dag maar langzaam op ging. De kinderen hadden het nieuwtje al snel gezien en ik had me na het eerste onplezierige glas al teruggetrokken. Op woensdag gingen er twee flessen karnemelk de kast in en er was weinig enthousiasme om tot consumeren over te gaan.

"We moesten karnemelk alleen maar over het weekend nemen," zei mijn vrouw. Dit werd door niemand tegengesproken. Nieuw briefje, *"Buttermilk only on Saturday."*

Kwam donderdag: drie zilver, twee blauw.

"Hij heeft het briefje niet gevonden, zeker weggewaaid," zeiden we, terwijl we de twee blauwe dopjesflessen naast de andere in de ijskast zetten. "Vanavond leggen we er een flinke steen op".

Ondanks dat de kinderen met kracht gedwongen werden grote glazen karnemelk te drinken en voor hun "toetje" flinke porties karnemelksepap te verorberen kregen, hadden we toch nog twee volle flessen over donderdagavond. De hele familie ging er een beetje zuur van kijken, want een glas of vier van dat spul gaat je niet in je kouwe kleren zitten.

"Buttermilk only on Saturday!" riep het vrijdagsbericht. Ik had er voor de zekerheid een flink uitroepteken achter gezet, want ik denk dan altijd nog dat mijn vrouw niet krachtig genoeg optreedt.

Vrijdag: drie melk, twee karnemelk. Deze keer had de spookachtige melkboer het briefje laten liggen, en het aangevuld met *"OK,"* om ons te laten weten dat hij de zaak begrepen had. Weer stonden er vier liter karnemelk in onze toch al niet te grote ijskast.

"Die vent is gek," zei m'n vrouw. "Hij kan zeker geen Engels lezen?"

Nu was dat geen loze opmerking. Er waren legio emigranten uit alle delen van de wereld en het was niet denkbeeldig dat onze melk-boer bijvoorbeeld een Pool was, of een Roemeen, of een Hollander.

Omdat de volgende dag zaterdag was hoefden we hem niets te vertellen. Hij bracht dan voor twee dagen; 's zondags kwam hij niet. Met vereende krachten maakten we vrijdag nog een fles karnemelk van kant.

Zaterdag kwam. Daar stonden, keurig in het gelid, tien flessen, allemaal met blauwe sluiting. Geen druppel gewone melk, alleen karne.

"Kijk nou eens!" riep m'n vrouw onthutst. "Ik zei toch al dat die vent gek was?"

Daar zaten we dan, met ruim een dozijn liter karnemelk, die nooit helemaal opgegaan is. Ook moesten we natuurlijk diezelfde dag nog naar een winkel in het dorp om wat gewone melk op te doen. Daar kwamen we een verre buur tegen, een in Engeland geboren en getogen dame waar we wel eens op de koffie geweest waren en waarmee we wederwaardigheden uitgewisseld hadden.

"Je gelooft nooit wat er nu gebeurd is!" zeiden we, en vertelden hoe we de onvrijwillige eigenaars van al die karnemelk geworden waren.

Omdat ze, zoals iedereen, op de hoogte was met het systeem van enveloppen en boterhamzakjes, vroeg ze, "Maar wat heb je dan geschreven?"

"Buttermilk only on Saturday," zeiden wij, met een gezicht van, "wat anders?"

"Aha!" zei ze, begrijpend knikkend. "Geen wonder. Je had ook moeten zeggen, "Buttermilk on Saturdays only.""

Hals

IN Sydney, Australië, kocht ik op een dag een krant omdat de voorpagina met overdreven dikke, decimeterhoge pikzwarte letters schreeuwde:

MYSTERY FLASHES AT SYDNEY AIRPORT!

In Australië worden kranten op straat verkocht aan argeloze voorbijgangers, waarvan de helft vast en zeker d'r geld in d'r zak zou houden als er niet wat van dit soort sensatie aan te pas kwam.

De sensaties namen verschillende vormen aan. Op pagina 2 vond men doorgaans foto's van welbedeelde en weluitgevoerde jongedames, die blijkbaar een te druk leven schenen te hebben om tijd te vinden voor het terugnaaien van losgeraakte blouseknoopjes.

Deze kunstuiting was zeker verantwoordelijk voor de verkoop van een kwart van de oplaag, hoofdzakelijk aan het mannelijk deel van de bevolking. Sport verkocht ook een hoop papier. Ongeveer een derde van de inhoud van Australische kranten werd gewijd aan rugby en paardenrennen.

De "kop" was echter verreweg de grootste trekpleister, want die deed altijd donkere geheimen en adembenemende opzienbaarheden

vermoeden. Waarom nu juist deze kop mij aanzette tot het doen schei-
den met een van mijn zuurverdiende *sixpences* verdient wat uitleg.

Nieuws komt in vlagen. Vandaag is het Oorlogen en Rentevoeten,
morgen is het misschien Verkiezingen en bezoeken van Belangrijke
Personages, maar toen was het gedecideerd Vliegende Schotels. Geen
dag ging haast voorbij dat er niet ergens één gesignaleerd was, of dat
een nietsvermoedend burger aangesproken was door een groen, spich-
tig mannetje met niets anders dan hersens in zijn veel te grote hoofd,
of zelfs meegeweest op een ruimtereisje in zo'n lichtend, brommend,
langzaam ronddraaiend voertuig, dat zwaartekracht als brandstof
had, waardoor het zich met onvoorstelbare snelheid van A naar B
kon verplaatsen. De Amerikaanse luchtmacht deed er geheimzinnig
over, terwijl de Russen, die nooit onder wilden doen voor wie dan
ook, er al stiekem een gebouwd hadden, waarmee ze de rest van de
wereld met een noodgang bespionneerden. Eenmaal was er een hele
familie, Pa, Moe en drie kinderen, gevangen genomen en binnen vijf
minuten door een stel blauwe of paarse jongens met behulp van een
ingenieuze machine totaal uitgehoord over alles wat er zich in de
laatste zesduizend jaar op onze aarde had afgespeeld. Deze ervaring
had ze dusdanig aangepakt, dat ze daarna nooit meer de oude geworden waren. Er waren ook ruimte-vaartuigen die ongevraagd in een
onzer oceanen gedoken waren, en het vermoeden bestond, dat deze
handeling verricht werd om bepaalde mineralen uit ons zeewater te
halen, waarvan hun eigen planeet door een Kosmische Vergissing
verstoken was.

Ze schenen erg geïnteresseerd te zijn in onze luchthavens. Steeds
weer hoorde je dat er een kuddetje schotels waargenomen waren
boven een vliegveld. Dat maakte iedereen natuurlijk ongerust over wat
hun intenties nu eigenlijk waren. Waren ze vriend of vijand? Ik ben
natuurlijk geen expert, maar in mijn bescheiden idee zaten ze ons te
bekijken tot hun de tranen over de wangen van hun groteske hoofden
rolden en ze zich op de spitse, groene knietjes zaten te slaan van het
lachen als ze ons zagen prummelen met onze primitieve methode van
voortbewegen. Misschien waren ze wel verstoken van komieken op

hun eigen planeet en was dit een van de bronnen van hun vermaak.

Ik was al eens bij de neus genomen door de grootste krantekop die ik ooit gezien had. Hij besloeg vrijwel de hele voorpagina en moet wel uit de dikste duim van de Australische nieuwswereld gezogen zijn. Een zware storm had namelijk enorme schade aangericht aan de kusten van Engeland, Nederland en België. Het was duidelijk dat daar een noodtoestand heerste, maar:

EUROPE SWAMPED!

in tien inch letters? Was dat nou echt nodig? Ik zag mijn arme ouders al op het dak van hun huurwoning in Amsterdam Zuid zitten wachten op de volgende helicopter, en m'n broer, zijn vrouw en drie onschuldige bloedjes van kinderen met moeite het hoofd boven water houdend op het Damrak, overvallen als ze misschien waren bij een bezoek aan de Bijenkorf.

Europa was natuurlijk niet een moeras geworden. Nou ja, Engeland, Nederland en België liggen in Europa, en er waren overstromingen die niet mis waren. Misschien kunnen we de Australiërs vergeven omdat ze toch al zo'n vaag idee hadden over de rest van de wereld. Bovendien verkocht het een hoop kranten die dag, dus de economie was ook weer even geholpen.

Hier stond ik dan weer, met zo'n vurig begeerd nieuwsblad in de trillende hand.

MYSTERIEUZE LICHTFLITSEN
OP DE LUCHTHAVEN VAN SYDNEY!

Stel je voor dat er vliegende schotels over Sydney gevlogen zouden zijn zonder dat ik daar haarfijn over ingelicht was! Ondenkbaar toch zeker?

Met ingehouden adem las ik:

Kapitein John Smith, een piloot bij Australian Airways, meldde vandaag dat hij tijdens zijn landing op Sydney Airport om 16:33 uur verblindende lichtflitsen waargenomen had.

De heer Smith had geen verklaring voor dit fenomeen.

Ook de andere leden van de bemanning konden geen opheldering verschaffen. De Veiligheidsdienst van de luchthaven stelde onmiddellijk een grondig onderzoek in. Enkele uren later werd een rapport uitgebracht. In dit rapport werden de flitsen toegeschreven aan reflecterende zonnestralen. Omstreeks half vijf, volgens dit rapport, werd er een vrachtwagen met aluminium platen ontladen bij een der loodsen. Het is mogelijk, dat zonnestralen, reflecterend van de gepolijste platen, de oorzaak zijn geweest van de verblindende lichtflitsen die door Kapitein Smith waargenomen werden. De heer Smith had later geen commentaar op het resultaat van dit onderzoek. De andere bemanningsleden waren niet voor een interview beschikbaar.

Einde van een prachtig stukje journalees. Ik zag de haakjes en de oogjes al op z'n plaats staan voor een opwindend vervolg: . . . *werden toegeschreven . . . volgens dit onderzoek . . . het is mogelijk . . . geen commentaar . . . niet voor interview beschikbaar. . . .*

Ik heb heel wat geleerd sinds die tijd. Ze vangen mij zo gauw niet meer met die flauwe kul. Het is toch alleen maar om je geld begonnen. Ofschoon vandaag zag ik nog een vrij stevige kop in een Amerikaanse krant:

STAAT VS AAN RAND VAN FINANCIEËLE AFGROND?

Die krant koop ik nog. Maar als het weer niks blijkt te zijn, dan kunnen ze van mij de pot op.

Salesmanship

NET toen we druk bezig waren met het produceren van een filmstrip, die watervervuiling tot zijn onsmakelijk onderwerp had, en die de Amerikaanse schoolkinderen van de jaren zestig zou moeten overtuigen van de noodzakelijkheid daarmee op te houden, hadden we die stomme brand. Ik zeg "stomme" brand, niet om hem te vergelijken met andere branden die we zo wel eens hebben, want tot op die dag hadden we nog nooit een brand gehad. Het was alleen stom omdat-ie waarschijnlijk voorkomen had kunnen worden als ik m'n gezond verstand gebruikt had, of mijn hersens, of desnoods allebei.

Loeki, die niet alleen hersens heeft, maar ze ook nog gebruiken kan, wat ze dan ook doet, vrijwel doorlopend, zonder ophouden, deed de research en het tekstschrijven voor deze contributie aan de *doomsday*-opvoeding van de toekomstige Amerikaanse kiezers en belastingbetalers. Ik zat intussen te wachten tot ze daarmee klaar zou zijn, zodat ik de grafieken en zo kon gaan maken, die in levendige kleuren zouden moeten uitbeelden wat voor vreselijke dingen er met het regenwater gebeuren nadat het op onze planeet gevallen is. Dat er met dit water ook nog dingen kunnen gebeuren vóórdat het de aarde bereikt, was toen nog niet meer dan een glimmertje in het oog van een fabrieksschoorsteen. In die jaren stonden meren, rivieren, stroompjes en oceanen centraal, waarin allerlei zaken die niet in water horen, zonder pardon uitgestort werden, vanuit allerlei hoeken. We hoopten, ofschoon we beter hadden moeten weten, dat onze contributie misschien wat verschil zou maken in de toekomstige mishandeling van onze watervoorziening. Nu, in de jaren negentig, weten we beter.

Terwijl ik duimen zat te draaien was ik met wat andere dingen bezig, zoals de huiskamer van ons huis in Hollywood een facelift geven. Dat was onderhand wel nodig, want, volgens beschikbare informatie, was het huis in 1923 gebouwd en kon wel een opkikkertje velen. Ik had onder andere een stuk tapijt bemachtigd, waarmee ik van plan was de eens mooie parketvloer wall-to-wall te gaan bedekken.

Naast de huiskamer lag mijn werkkamer—*studio*, als ik wou opscheppen—daarvan gescheiden door een deurloze boog en uitgerust met een nepstenen open haard, die we nooit gebruikten omdat we gezegend waren met centrale gasverwarming met een thermostaat, waardoor gelukkig niemand in onze familie aangespoord werd hout voor dit romantische doel te verzamelen. Bovendien is het in Californië overdag zelden koud genoeg om een kachel aan te hebben. De thermostat was daarom altijd heel laag afgesteld.

Loeki gebruikte de huiskamer voor haar wetenschappelijk streven, en onderzocht haar pijnlijke onderwerp met behulp van biblioteekmateriaal zowel als informatie die onze trouwe *Encyclopædia Britannica* verschafte. Die stond, in zijn eigen boekenkast, tegen de muur naast het rooster van de gaskachel, die daar in de vloer gebouwd was.

De *Britannica,* alle 24 delen, hadden we tweedehands gekocht toen hij ongeveer vijf jaar oud was, door te reageren op een advertentie, geplaatst door een heer, die, in antwoord op ons telefoontje, had verklaard dat hij deze onbetaalbare schatkamer van informatie goedkoop van de hand wilde doen, omdat zijn zestienjarige zoon alles al wist. Wij namen aan dat er in de vijf voorafgaande jaren niet zoveel drastische veranderingen plaatsgevonden hadden om de informatie onbruikbaar te maken en we namen de lading boeken voor heel weinig geld van hem over.

Als je geen encyclopedie bezit, weet je niet wat je mist. Niet alleen wordt je gewaar hoe Hannibal over de Alpen trok (zie ook Olifanten), en wanneer (zie Geschiedenis/Romeins), of welke koning met wie getrouwd was en waarom (zie Opvolging/Koningschap), maar het stelt je ook in staat om er achter te komen wat voor soort mest je moet gebruiken als je bijvoorbeeld avocado's wil gaan kweken (zie Landbouw/Californië), of wat voor soort materiaal je nodig hebt als je pijpen van klei zou willen maken (zie Mineralen), het laat je precies weten, tot op de vierkante meter, de oppervlakte van Bangladesh en de diepte van de oceaan bij Peru (zie tegenwoordig ook: Tectonica). Je krijgt hun vrij nauwkeurige schatting van de jaarlijkse regenval op aarde en laat je met behulp van simpele grafiekjes en kaarten zien wat er gebeurt met al die miljarden liters gratis vers water; hoeveel er in de grond terecht komt, hoeveel er in rivieren en meren en oceanen vloeit en wat daarvan dan weer verdampt en wolken maakt, zodat het hele gedoe weer van voren af aan beginnen kan.

Het hoeft geen betoog, dat dit laatste soort *info* erg van pas komt als je een filmstrip over water aan het schrijven bent en Loeki maakte daar dan ook handig gebruik van. De huiskamertafel was tijdens werkuren meestal volkomen bedekt met vijf of zes van de bruin-metgouden boekdelen, open bij artikelen die gingen over Wolken, Rivieren, Stromen, Oceanen, Water kringloop, en Industrie/watergebruik.

Ik kon niet met goed fatsoen tapijt gaan leggen terwijl deze aktiviteit plaatsvond, dus ik had mijn tapijtrol tijdelijk tegen de muur in mijn studio geleund, tussen de nep-schoorsteen en de vloerkachel. Dit bleek niet zo'n goed idee te zijn geweest, want omstreeks vier uur in de morgen viel de kamertemperatuur lager dan de zetting van de thermostaat, waardoor de kachel niet beter wist dan te gaan branden, daar was hij voor. Waarschijnlijk gebeurde dat iedere nacht, maar daar had niemand ooit nog erg in gehad, of zich om bekommerd. Op diezelfde tijd vond de tapijtrol, misschien door de warmte bevangen, dat-ie er genoeg van had om tegen de muur te leunen. Hij vouwde in zijn lendenen, viel languit dwars over het vloerrooster van de gaskachel, en verschafte ruim voldoende brandstof voor de verwoesting die hierop volgde. Er brandde een groot gat in de muur en een in de vloer en verslond de Encyclo-boekenkast met alle vierentwintig delen die daarin stonden, met inbegrip van degenen die een papiertje tussen bladzijden hadden die gingen over Wolken, Rivieren, Stromen, Oceanen, Waterkringloop, en Industrie/watergebruik.

"Ik moet zo spoedig mogelijk de encyclopedie vervangen," zei Loeki. We waren net een beetje bijgekomen van onze vurige beproeving en hadden even tijd gevonden om met een kop koffie ergens te gaan zitten. De Los Angeles brandweerlieden waren vertrokken, nadat ze grote wolken vettige rook uit ons pand verdreven hadden.

"Laten we een nieuwe kopen, die *up-to-date* is," stelde ik voor. "Ik bel even het kantoor van de *Britannica* en vraag of ze iemand oversturen."

"Hoeveel zou zo'n nieuwe kosten?"

"Geen idee. Misschien viervijftig, vijfhonderd."

"We hebben nog niet de helft betaald voor die tweedehandse."

"Ja, maar met al die research die jij doet denk ik dat je beter af zou zijn met een wat meer recente uitgave," zei ik gul. Ik liep naar de plaats waar de telefoon normaal stond, boven op de Encyclo-boekenkast, maar vond slechts een onherkenbare klomp gesmolten plastic tussen de literaire ruïne.

"Kijk nou eens even," zei ik, "Onze telefoon heeft een *meltdown* gehad. Ik zal even buiten in een celletje moeten gaan bellen."

"Terwijl je dat doet, bel dan ook even het telefoonkantoor," adviseerde Loeki, waaruit maar blijkt dat ik geen geintje maakte toen ik opmerkte dat haar hersens altijd in gebruik zijn.

Ik belde de Encyclo-mensen en vertelde ze dat ik een nieuw stel encyclopedies wilde kopen. "Hoeveel kost zo'n set vandaag de dag?"

"Ik zal meteen een salesman sturen. Wat is uw adres?"

Ik vertelde hem mijn adres. "Hoeveel ko. . . ."

"De salesman zal dat allemaal uitleggen."

"Ja, maar ik. . . ."

". . . en hij komt vandaag nog over."

"Kunt U me niet een prijs opgeven over de telefoon? Ik wil eerst weten of ik. . . ."

"Maakt U zich geen zorgen. Ik weet zeker dat als U het product ziet dat wij te bieden hebben, de prijs van geen belang zal zijn."

"Ik weet wat U te bieden heeft. We vervangen er een die vannacht door vuur verwoest is. Alles wat ik nu weten wil is hoeveel uw produ. . . ."

"Ik heb al iemand naar U onderweg, meneer Praamsma. Even geduld."

Ik besloot dan maar het nodige geduld uit te oefenen en ging naar huis terug. Nee, ik had niet vergeten het telefoonkantoor te bellen. Die hadden ons in een mum van tijd weer in de wereld teruggeschakeld. Dit was voordat de Bell Telephone Service door de regering, natuurlijk in het publieke belang, opgebroken werd in al die Nieuwe Zaakjes. De service is nooit meer dezelfde geworden.

"Hoeveel kost zo'n nieuwe set?" vroeg Loeki, toen ik ons naar roet ruikend pand weer betreden had.

"Er komt een salesman, die het ons gaat vertellen."

"Had je niet kunnen vra. . . ."

"Dat heb ik geprobeerd, maar de salesman zal het ons uitleggen.

"Wat moet-ie uitleggen? Ik wil alleen maar een nieuwe set boeken. Waarom kon je niet. . . ."

"Geloof me, ik heb het geprobeerd, maar die vent wou het niet zeggen. Ik heb het hem wel drie keer gevraagd, maar iedere keer begon hij weer te zeuren over zijn salesman."

"Nou, ik hoop dat-ie niet te veel tijd verspilt met hierheen komen. Ik was er net aan toe om uit te vinden hoeveel vierkante mijl de Staat Oregon groot is."

"O," zei ik, langzaam knikkend.

"Ben je niet nieuwsgierig te weten waarom ik de oppervlakte van de Staat Oregon wil weten?" ze keek me van opzij aan, over haar bril heen.

"Niet echt. Daar zal je wel een goede reden voor hebben."

"H'm. . . ." gevolgd door een lange stilte.

"Oké, waarom wil je dat weten?"

"Ik wil een dramatische voorstelling maken, waar jij een prachtige grafiek van kunt doen. Ik wil zeggen dat de totale regenval van de Verenigde Staten genoeg zou zijn om de Staat Oregon te bedekken tot een hoogte van zus-of-zoveel voet, of meter, of mijl, of wat dan ook. Wat denk je daarvan?"

"Daar zit wat in," zei ik.

De salesman arriveerde later in de middag. Hij was het voorbeeld van een enthousiaste Amerikaanse salesman van net onder de dertig. Hij schudde ons de hand, zei dat hij Bill heette, wist onze voornamen onmiddellijk en gebruikte die zonder ook maar één keer te falen. Zonder zelfs maar de tijd te nemen om te gaan zitten ging hij te werk door verscheidene kleurrijke brochures voort te brengen, uit te vouwen en op de grond ten toon te spreiden. Al de vier en twintig Encyclovolumes lagen daar prachtig uitgestald, levensgroot, samen met wat leek op een medisch center-fold, waar een naakt lichaam door middel van transparante lagen van de huid ontdaan kon worden waardoor er een griezelige verzameling van ribben, hart, longen, beenderen, doorgesneden genitaliën, darmen, borsten en wat daar nog allemaal bij hoort, ontstond. Terwijl hij daar mee bezig was handhaafde hij aan één stuk door levendig, blijkbaar uit-het-hoofd-geleerd commentaar, en wees ons op het makkelijk te lezen lettertype, de layouts, het praktisch nut, de nauwkeurigheid, de prachtige omslag, de gouden opdruk, de vele illustraties, de grafieken, de kaarten—alles wat je ooit zou willen weten over een *Encyclopædia Britannica* maar wat je, misschien met goede reden, bang was om te vragen. Zonder zich ook maar één keer te vergissen noemde hij ons steeds bij onze voornamen, iets waar we een enorme hekel aan hebben als dat uit de mond van wildvreemde verkoopslieden komt.

"Dat weet ik allemaal wel," probeerde Loeki. "Gisteren hadden we nog een set, maar die is helaas verbrand."

"En, Loeki, wij verkopen ook deze mooie boekenkast, waarin de boeken opgeborgen kunnen worden in twee rijen, boven elkaar." Hij ontvouwde nog een enorme brochure, ongeveer zo groot als de Staat Oregon. Nu was onze huiskamervloer volkomen bedekt met glanzend drukwerk van de hoogste kwaliteit.

"Hoeveel kost een set? Zonder de boekenkast," waagde ik.

"Voordat ik daar antwoord op geef, Simon, zal ik je eerst even iets laten zien," zei Bill, borrelend van enthousiasme. Hij snelde de deur uit naar zijn auto en kwam een moment later terug met een kartonnen model op ware grootte van de boekenkast, compleet met dummy boekruggen, in twee rijen, zoals hij had voorspeld. Hij zette het eerbiedig tegen een van onze beroete muren en deed een stapje terug om er verliefd naar te gaan staan kijken.

"Is dat niet prachtig?" zei hij dromerig. "Ieder huishouden hoort er een te hebben. Mooi en practisch tegelijk!"

Dat was misschien waar, als je de boekenkast tenminste mooi kon vinden. Wij hadden er altijd een hekel aan gehad.

"Hoe. Veel. Kost. Een. Stel. Van. Deze. Boeken?" vroeg Loeki. Als ze zo ging praten, wist ik al waar het op uit zou draaien. Maar Bill, die waarschijnlijk niet getrouwd was, wat niet moeilijk te begrijpen is, had er niet de minste erg in.

"We hebben een heel gemakkelijk betaalplan, Loeki," zei hij, breed en gul lachend.

"Ik ben niet geïnteresseerd in je betaalplan."

"De maandelijkse betalingen zijn zo laag, dat..."

"Hou op met die maandelijkse betalingen!" riep ik. M'n stem sloeg haast over. "Kan je het niet door je stomme kop krijgen dat we alleen maar geïnterresseerd zijn in de PRIJS? De hele prijs! Vertel ons wat het verdomde ding KOST!"

Loeki keek op haar horloge en stond op. "Ik moet weer aan het werk," zei ze kalm. Te kalm. "Als je me nu vertelt hoeveel het kost, geef ik je een ja of nee antwoord in twee seconden en een check erbij als het ja is."

"En je kunt een set gelijk hier achterlaten," voegde ik eraan toe. Ik veronderstelde dat als hij een compleet kartonnen mock-up met zich rond droeg, hij waarschijnlijk ook wel een levende set ergens in zijn auto verborgen zou hebben.

Maar Bill was nog steeds niet klaar. Hij moet haast de botste student zijn geweest op de Encyclo-verkoopacademie. Hij was vastbesloten om zijn hele lesje op ons uit te proberen, tot het bittere eind, dat ik ras zag naderen.

"U wilt een set kopen?" vroeg hij verbaasd. Ik veronderstel dat ze hem nooit hadden ingelicht over wat te doen in geval er geen weerstand geboden werd.

"Ik zal even een aanvraagformulier halen, Simon," zei hij. "Ik ben zo terug."

"Wacht!" riep ik. Ik sprong op en hield hem tegen bij de deur. *"Hoe. Veel? Hoe. Veel. Geld? De. Prijs! Wat. Is. De. Prijs?!"*

"Ik ben zo terug," zei Bill, me terzijde schuivend. Hij ging weer naar zijn auto en kwam even later terug met een formulier ongeveer zo groot als de Staat Texas. Hij ging nu eindelijk op zijn gemak zitten, en produceerde een balpen. "Waar hoorde U voor het eerst van ons product?" vroeg hij onschuldig, met zijn pen wachtend boven het enorme papier met de vragenlijst met de duizend en een in te vullen vakjes. Ik keek naar Loeki, Loeki keek naar mij en toen weer op haar horloge.

"Weet je wat, Bill," zei ze, met ijs in haar stem, "Pak je rotzooi op en verdwijn. Ik ben niet verder geïnteresseerd. Ik wil geen vragen beantwoorden." Toen Bill, die na deze mededeling wat verlamd scheen, geen aanstalten maakte, stond ze op, rakelde alle brochures bij elkaar, greep de nep-kast en schoof de ontstelde salesman de deur uit.

Nadat we hem zielig hadden zien ineen duiken achter het stuur van zijn auto, en verslagen wegrijden, misschien nog niet eens een idee hebbend van de oorzaak van de plotselinge sterke daling in zijn populariteit, keken we naar de kleine advertenties in de lokale krant. En ja hoor; daar stond er een.

For Sale. 1966 Encyclopædia Britannica, $150.

Er stond een telefoonnummer bij, ik ging weer de straat op om te bellen, ik maakte een afspraak, ging er heen en Loeki was binnen een uur weer aan het werk.

Hoeveel kost een nieuwe *Encyclopædia Britannica*? Ik heb geen idee. Ik verdenk ze ervan dat ze het zelf ook niet weten. En misschien bestaan er niet eens nieuwe encyclopedie's, alleen maar tweedehandse.

Vernuft

J E kunt zeggen en denken wat je wilt van Amerikanen, maar op het gebied van organisatie zijn ze fantastisch. Amerikanen bezitten blijkbaar de aangeboren drang om alles om zich heen te regelen, problemen van te voren goed door te denken en niets aan het noodlot over te laten als zij het helpen kunnen, waardoor vrijwel alles wat zij ondernemen tot volle tevredenheid wordt uitgevoerd. Komen er bij andere landslieden wel eens kinken in kabels voor, of addertjes in gras, of roet in eten, bij Amerikanen niet, *no, sir!*

Neem bijvoorbeeld het "karretje." Wij noemden dat praktische vervoermiddel destijds "karretje," omdat we nog niet geconfronteerd geworden waren met de weergaloze naam, "boedelbak." Hollanders zijn daar nou eenmaal weer beter in. Denk aan de onvertaalbare kunststukjes: *Met Velpon Zie Je Er Geen Barst Van* of *Velpon Lijmt Stukken Beter.* In het Engels proberen ze ook wel eens zoiets, maar het blijft maar tobben. Zo heeft het ene land dit, het andere dat.

De een of andere Amerikaan had geobserveerd dat de meeste mensen wel eens wat te verslepen hebben: een solitaire ijskast, of een tafel met wat stoelen, of een partij gesnoeide takken; te weinig om er een verhuizer voor te bestellen, maar teveel om goedschiks onder de arm te nemen. Te groot of te onhandig om er de achterbank van je auto mee te bederven, maar ook weer niet groot genoeg om er een levensgrote vrachtwagen voor te laten aanrukken. Na enig nadenken bleek de aangewezen oplossing voor dit dilemma zo'n karretje te zijn. Geen boedelbak dus, want die zijn dicht. Zo'n karretje is gewoon een rijdend platformpje met zijkanten en een achterklep die open kan.

Als je dus niet tegen wat lichamelijk werk op ziet, kan je je aardig wat geld besparen. Er komt namelijk doorgaans nogal wat tillen en dragen aan te pas, waardoor het al gauw duidelijk wordt waarom beroepsverhuizers zo onsmakelijk veel geld willen beuren voor hun mondaine activiteit. Maar de vindingrijke Amerikaan had het goed gezien: de monitaire overweging was sterker dan het ongemak en de spierpijn. Het Karretje *was on its way*.

Wanneer je moet gaan slepen meldt je je bij de verhuurinrichting en bestelt een "trailer". Trailers komen in verschillende maten: klein voor een enkel fornuis, of een bergje zand met een kruiwagen, tot behoorlijk groot, met dubbele assen, voor een complete bescheiden verhuizing.

De verhuurbaas is behulpzaam, maar hij zal je niet onder het oog brengen dat je met zo'n gevaarte vol huisraad je motor mooi kunt overbelasten. Hij mag eens meewarig kijken, maar hij wacht zich er wel voor om je onvervreemdbaar vernielrecht, dat in ieder geschrift over mensenrechten duidelijk beschreven staat, in dispuut te brengen.

Om een trailer te kunnen trekken hoort je auto een trekhaak te hebben. Er is echter rekening mee gehouden dat jouw auto er geen heeft. Dan kan je bumper met wat ijzeren balken, kettingen en ander ijzerwerk van een tijdelijke trekhaak voorzien worden. Ik weet niet zeker of dat nog steeds gedaan wordt, want de bumpers van tegenwoordig lijken me absoluut niet geschikt voor dit soort behandeling, maar een jaar of twintig geleden werd dit nog steeds gedaan, waaruit blijkt dat het geruime tijd geleden is dat ik me met dergelijke vermoeiende werkzaamheden bezig hield.

Als de haak bevestigd is worden je stoplichten en richtingwijzers heel efficient met wat gekleurde draadjes en metalen knijpertjes door- verbonden met die van de trailer. Ook wil de verkeerswet, dat je twee spiegels aan je auto hebt als je een trailer trekt: één rechts, één links. Lang niet iedere wagen is hiermee uitgerust, maar, wees gerust, hierop is natuurlijk ook gerekend. Voor een extra dollar of zo huur je er een losse spiegel bij, die met lepe haakjes en een veer aan je rechterdeur geklemd kan worden. Allemaal prima geregeld.

Nu is er nog een probleem en dat is het retourneren van al dat spul nadat de verhuurzaak sluit voor de dag, want je bent natuurlijk lang niet altijd met je gesleep klaar voor zessen en de verhuurders willen op tijd naar huis. En op zon- en feestdagen zitten ze natuurlijk ook liever bij de TV. Maar daar is allemaal rekening mee gehouden, *American style.*

De zaak waar wij huurden had dit opgelost door een klein par- keerterreintje, zoiets als dat van een gemiddelde Albert Heijn, achter het kantoorgebouwtje beschikbaar te stellen, waar je je trailer kon afhaken en achterlaten. En om minder eerlijke voorbijgangers niet in de verleiding te brengen door de losse trekhaak en de extra spiegel zomaar langs de openbare weg te laten liggen, was er ergens in de rond het terrein verrijzende schutting op ongeveer ooghoogte een vierkant luikje aangebracht. Dit verschafte toegang tot een soort glijbaantje, *chute* geheten, waarop je je trekhaak en je spiegel naar beneden kon laten glijden, zodat ze buiten het bereik waren van begerige en onge- machtigde handen. Er was zelfs een verlicht bordje dat zei, "Hitches and mirrors here after hours," zodat je zelfs in het donker terecht kon. Geen kinken in kabels hier, *no, sir!*

We waren klaar met onze besognes om half zeven. We parkeerden ons karretje op de aangewezen plaats, ontschroefden de trekhaak, ontklemden de spiegel en liepen naar de chute. Zo'n trekhaak met al dat ijzerwerk eraan weegt gauw een pond of twintig en ik besloot die maar het eerst te deponeren.

"Dat gaat vast niet goed," zei m'n vrouw hoofdschuddend.

Ik stond net op het punt de trekhaak los te laten en draaide me om. "Niet goed?" vroeg ik. "Wat bedoel je, niet goed?"

"Wel," zei ze, "ik heb vanmorgen gekeken hoe deze chute werkt. Alles valt gewoon op het cement. Die spiegels breken vast en zeker als je ze hier in stopt."

"Toe nou!" zei ik meewarig. "Dacht je nou werkelijk dat ze daar geen rekening mee gehouden hadden? Daar zetten ze 's avonds natuurlijk iets onder, iets met schuimrubber of zo. Dit is Amerika!" en ik liet het gevaarte los. We hoorden het glijden en vallen, gevolgd door een gerinkel van brekend glas. Ik keek naar de spiegel in mijn hand, die ook nog moest.

"Je had gelijk," zei ik. "Dat ging inderdaad niet zo goed. Er lagen zeker al wat spiegels onder."

Ik twijfelde nog even, maar het bord zei, *"Mirrors Here."* Zo'n bevel kan niet zo maar genegeerd worden. Ik stopte de spiegel in het nu sinister-uitziende gat en zond hem naar zijn zekere vernietiging. We hoorden hem glijden, vaart meerderen en met rinkelende herrie te pletter vallen tussen de andere brokken.

Gedesillusioneerd liepen we naar onze auto terug.

Oops!

ER was iets met een kraan; ik ben nu vergeten wat. In de grijze oudheid, toen loodgieters nog deel van het gemene volk uitmaakten riepen we nog wel eens zo'n vakman in, maar tegenwoordig kunnen alleen miljoenairs zich dat nog maar zonder monetaire catastrofe veroorloven. Loodgieters hebben zich op één lijn gesteld met dokters en advocaten en komen niet zo maar eens kijken naar je probleem, zoals vroeger, maar komen officieël met een dure gespecialiseerde vrachtwagen voor je deur. Dit grapje alleen kost je al tientallen dollars, want het rijden dat *zij* doen is zowat twintig keer zoveel waard als het rijden wat *jij* doet. Zijn ze eenmaal binnen, dan stellen ze een diagnose en schrijven die met net zo'n onleesbare hand als die van hun huisarts op een deftig formulier in zesplo, waarna je verzocht wordt op de stippellijn te tekenen.

We bezaten eens een half dozijn bungalows, zo'n stukje vastgoed dat in Californië een "court" genoemd wordt. Dit waren zes éénslaapkamer-woningen, die we voor het merendeel aan langharige alleenstaande jongemannen verhuurden. De lengte van hun haar is niet zo maar een loze opmerking, want dit gaf nog wel eens aanleiding tot opgestopte wastafels. Samen met zeep, shampoo en godweetwat-nogmeer bouwen haren in afvoerpijpen keiharde obstakels, die niet zo maar, zonder behulp van een loodgietersinstrument, opgeruimd kunnen worden.

Zo'n instrument, weet ik nu, heet een *snake,* een slang dus. Toen wij voor de eerste keer met zo'n opgestopte wastafel te doen hadden wisten we niet beter dan een expert in te roepen. Een snake was voor ons toen nog een volkomen mysterieus voorwerp, waarvan wij het bestaan nauwelijks vermoedden.

De loodgieter die kwam ben ik eeuwig dankbaar. Hij was al wat ouder, en ik vermoed dat zijn door het gieten van lood verzamelde schaapjes zich al geruime tijd op het droge hadden bevonden, want, nadat hij de wastafel in luttele minuten weer aan het doorlopen had gekregen en mij van vijfentwintig dollar ontlast had, gaf hij mij het advies dat hem zonder twijfel voor de rest van zijn leven de gramschap van de hele loodgietende broederschap op de hals gehaald heeft.

"Kijk, Simon," zei hij. (Ik ben er nu aan gewend, en zou het niet anders willen, maar dit vond plaats in de tijd dat ik nog steeds een klein schokje kreeg als zo'n wildvreemde Amerikaan, die ik waarschijnlijk nooit meer zou terug zien, mij met mijn voornaam aansprak. In Holland, zeker als je nog niet betaald hebt, ben je Meneer Zo-en-zo, en het kan jaren duren voordat de man uitvindt welk geheim er achter je Initiaal schuilt. En dan is het nóg de vraag of hij ooit de brutaliteit zal opbrengen om die wetenschap om te zetten in familiariteit. Wel, ieder land zijn eigenaardigheden.)

Nadat mijn geschokte gevoelens zich enigszins hersteld hadden begreep ik dat hij het beste met me voor had. Hij legde me namelijk uit hoe ik zelf met zo'n snake m'n afvoerproblemen kon oplossen.

"Je hebt hier zes bungalows, met zes wastafels en zes douchecellen. Zo'n akkefietje als dit kost je iedere keer vijfentwintig dollar, en dat wordt vast nog wel meer, later. (Behalve dat hij een filantropische inslag had, had hij dus nog profetische talenten op de koop toe). "Zo'n snake als dit," hij hield hem op voor mijn inspectie, "kost twaalf-vijftig en je kunt hem in iedere ijzerwinkel kopen."

Ik hoop maar dat ik hem uitvoerig bedankt heb. Niet alleen dat dit eenvoudige apparaatje honderden dollars uit begerige loodgieterszakken heeft kunnen houden, het zette ons op het pad van de doe-het-zelf-loodgieterij. Eigenlijk is niets erg moeilijk of ingewikkeld; een mens kan haast alles leren.

Toen er dus iets met een van onze eigen kranen loos was—jaren later—bedacht ik me geen moment: ik sloot het water af, wat ik tot mijn schade geleerd had eerst te doen. Na de kraan in zijn componenten ontleed te hebben vond ik uit waar het schortte. Een van de onderdelen had de geest gegeven en diende vervangen te worden.

Nu weet je lang niet altijd hoe zo'n onderdeel heet, in het Engels, of zelfs in 't Hollands. Je moet je vaak behelpen, bij de ijzerhandelaar, door de functie van het deeltje uit te leggen, of het bijvoorbeeld in de lucht te tekenen; gebarentaal moet welhaast vanaf de Grote Spraakverwarring zijn vruchten hebben gedragen.

Als het om eenvoudige, dagelijks voorkomende voorwerpen gaat weet je daar al gauw de benamingen van. *Screw, washer, nut, nail, tack, brad* hebben snel na de eerste onwennigheid hun geheimzinnigheid verloren, maar er kunnen jaren, zelfs decennia, voorbijgaan, tevreden doorlevend, terwijl je compleet onbekend bent met het woord *grommet*, om maar een extreem te noemen.

Met die loodgieterij is het waarschijnlijk zo, net als in de medische wereld, dat de bedrijvers ervan hun paraphernalia namen geven die een normaal mens nooit zou gebruiken, want mysterie produceert macht en macht betekent geld.

We hadden dus geen idee waarnaar te vragen, bij naam, maar we hadden tot dusver altijd nog succes gehad met onze uitleggerijen, waardoor we ons niet overdruk maakten.

In de *hardware store* werden we meteen aangeklampt door een wat oudere heer, die, zoals dat hoort in Amerika, vroeg hoe hij ons van dienst kon zijn. Dat was natuurlijk welkom, want er gaat niets boven een ijzerwinkel-expert als je niet zeker van het op-de-kop-te-tikken artikel bent. Die mensen weten zelfs *grommets* te vinden, in de meest obscure hoeken van de zaak. We legden dus uit dat het hier ging om iets dat met badkamers te maken had en hij verwees ons naar de afdeling *plumbing*. Hij liep mee en duidde aan waar de rekken waren met de mysterieuze glimmende voorwerpjes, onontbeerlijk voor de zich wassende mensheid.

Nu kregen wij al snel het idee, dat deze man waarschijnlijk weinig of in het geheel geen verstand had van loodgieterij, want hij wees ons, zelfs na herhaald uitleggen, steeds de verkeerde dingen aan. Bovendien leek hij erg verveeld en kon bij tijd en wijle een geeuw nog net onderdrukken, als hij zag dat we naar hem keken. Misschien was hij een timmerman geweest, of een dakbedekker, die nooit iets aan de onderzijde van een huis te maken had gehad. Of een boekhouder die zijn pensioen wat wilde augmenteren. Ook behoort een zware nacht gehad hebben tot de mogelijkheden, als je zijn voor-driekwart-gesloten oogleden in aanmerking nam.

Mijn vrouw, die, het moet even gezegd, weinig geduld heeft in dit soort omstandigheden, had me al een paar keer aangestoten, waarna we onafhankelijk in een ander rek gingen zoeken, maar de man, die tenslotte betaald werd om behulpzaam te zijn, week niet van onze zijde, dan weer dit, dan weer dat voor ons onbruikbare voorwerp aanwijzend, waarschijnlijk in de hoop eens, door het proces van eliminatie, op te komen met het passende deeltje.

Soms is het mogelijk om van zo iemand af te komen door bijvoorbeeld te zeggen, "Dank u, we vinden het zelf wel," of iets in die geest. Dat ontslaat de verkoper van zijn hulpplicht en laat jou verder vrij om je eigen gang te gaan. Je kunt ook zeggen, maar dan beter in het Hollands, zoals mijn vrouw deed, "Zeg, laten we van deze zak af zien te komen—ik denk dat-ie een beetje achterlijk is."

Ik beaamde dat, maar de klerk, in gezegende onbekendheid met zijn onflaterende evaluatie, bleef bij ons rondhangen tot we eindelijk het *part* gevonden hadden. Hij liep met ons terug naar de kassier; we betaalden, en hij bracht ons zelfs naar de deur, die hij beleefd voor ons opende. Toen mijn vrouw langs hem kwam zei hij, weliswaar met een Limburgs accent, "U spreekt nog een aardig mondje Hollands, mevrouw."

Woordkeus

ONDANKS het feit dat Frankrijk over de hele wereld bekend staat om zijn cuisine hebben wij altijd moeite om daar een redelijke maaltijd opgediend te krijgen. Van goedkoop tot duur—het is haast altijd een afzakker als ze je daar iets voorschotelen. Soms ziet het er dan nog wel eens aardig uit, met zo'n overbodig stuk groen erbij, alsof ze zich willen excuseren door het verstrekken van een bloemetje. Maar paaien kunnen ze je toch niet: zodra je je tanden in de maaltijd zet begrijp je wel dat het ook deze keer weer knap knudde is.

Ik wil niet zeggen dat je helemaal nergens kunt eten in Frankrijk—we hebben wel eens in een afgelegen boerenherberg een uitstekende *pot-au-feu* opgeschoteld gekregen, geschept uit een zwartgeblakerde ketel die boven een vlammend haardvuur hing. Daar gaven ze je zelfs nog een half Frans brood en een fles rooie wijn bij en het kostte haast niets. Daarentegen hebben we ook wel voor een waanzinnig aantal francs een vis gegeten die voor het merendeel uit graten bestond en vergezeld was door wat ongare groente en de hierboven beschreven tak peterselie, die in dit geval zeker een week oud was. Als peterselie zo met een boogje gaat hangen als je het optilt weet je wel hoe laat het is. In die tent hebben we maar niet eens gevraagd wat ze zouden rekenen voor een glas wijn. Het was blijkbaar een van die obscure wegrestaurants die als enig doel hebben zoveel mogelijk geld uit toevallig voorbijgaande, eenmalige klanten te peuren zonder ook maar een gedachte te wijden aan culinaire kunst.

Fransen weten dit tegenwoordig blijkbaar ook. Er zijn in hun land namelijk aardig wat McDonald's restaurants verrezen en die zijn altijd barstend vol. En niet dat dat kleine zaakjes zijn die met een twintig klanten hun limiet bereikt hebben: we vonden er een in midden-Frankrijk waarvan alleen de WC ruimte bijna zo groot was als een flinke Albert Heijn. We hebben de WC's niet geteld, maar als ik me het goed herinner bood alleen de mannenafdeling al twintig staande en zittende faciliteiten. En dat zal bij de dames wel evenredig geweest zijn.

McDonald's in Frankrijk serveert ook bier en wijn en hun menu is hier en daar aangepast aan de Franse smaak. Maar hun hamburgers en hun gecomputeriseerde *french fries,* die daar natuurlijk niet *french fries* maar *pommes frites* heten, zijn zeker zo goed als die in Los Angeles of Moskou. (Dat dit aardappelgerecht niet *french fries* heet in Frankrijk is een merkwaardig fenomeen. Om dezelfde reden heet een zekere pizzazaak in de VS *"Numero Uno,"* maar diezelfde zaak heet heel anders in Italië. Wat denkt U van *"Number One"*?)

Hoewel we dus geen hoge pet op hebben van de Franse keuken is het niet altijd mogelijk te vermijden dat je toch op een van je vakantiedagen in een Frans restaurant terecht komt. Dat is niet alleen maar omdat er niet altijd een McDonald's in de buurt is of dat je die niet vinden kunt omdat de advertenties lands de weg zo onduidelijk zijn. Het heeft ook te maken met de opmerking die in een van George Bernard Shaws toneelstukken voorkomt. Daar geeft een man antwoord op een vraag, door een vriend gesteld. De man was net voor de zoveelste keer gescheiden van een vrouw, die, net zoals de anderen die hij al eerder geprobeerd had, volgens hem een feeks was, of op z'n minst een haaibaai. De vriend zegt, "Na deze ervaring zal je wel niet zo gauw nóg een keer in het huwelijksbootje stappen?" De man antwoordt, "Waarom niet? Je kunt het nooit weten."

Omdat je het dus nooit kunt weten, proberen we toch nog wel eens een enkele keer een voorzichtige lunch. Avondeten durven we eigenlijk niet meer; we kopen liever een stokbrood en wat ham en kaas en rommelen zelf wat. Voor koffie en thee maken zijn we ook volkomen ingericht.

Dit is een hele lange inleiding voor een stukje dat niets met eten te maken heeft. Het is namelijk een Taalvoorval en de enige connectie die het met voedsel heeft is dat het plaats vond in een eetgelegenheid aan een binnenweg in Frankrijk.

Het was omstreeks lunchtijd en er kwam een restaurant in zicht dat er van buiten wel aardig uitzag. Niet dat dat altijd een teken is van de bedrevenheid van de kok; het is vaak een twijfelgeval. Maar je beslissing moet ergens op gebaseerd zijn. Het lag een stukje van de weg af, waardoor je ook nog je auto kwijt kon op leuk knerpend grint. Het regende slapjes, zoals dat wel meer gebeurt in Europa, en we liepen vlug bij de auto vandaan, om te voorkomen dat we niet te nat binnen zouden komen en over hun meubilair druipen. Het was matig druk: misschien waren er drie, vier tafeltjes bezet. We bestelden iets, het beste hopend. Na een minuut of wat ging de buitendeur weer open, een vijftigtal Frans-sprekende toeristen kwam luidruchtig binnengewandeld en nam plaats aan een lange tafel, zo een die ontstaat door het listig aaneenschuiven van een stuk of tien kleinere tafels. Die stond al klaar—er was dus gereserveerd. Dit gaf ons hoop dat het voedsel misschien beter zou zijn dan we mochten hopen. Buschauffeurs zijn over het algemeen beter ingelicht dan de gemiddelde man.

Nadat die mensen allemaal zaten kwam de serveerster even bij ons terug en zei iets, uiteraard in het Frans, dat we niet verstonden. Ze wees erbij naar buiten, waar het nog steeds regende, maar we sloten uit dat ze het weer met ons wilde behandelen. Mijn Frans is toch al niet zo best, maar mijn vrouw is er aardig in thuis—ze heeft in haar jonge jaren een paar maanden in Frankrijk gewerkt. Maar zelfs zij moest erkennen dat ze geen idee had waar de serveerster het over had. Laten we hierbij niet uit het oog verliezen dat we ons hier in het hartje van dit land bevonden en dat "dialect" een rol gespeeld kan hebben.

We keken dus ook gehoorzaam naar buiten, lachten een beetje zielig en lieten de binnenkant van onze handen zien. Dit betekent vrijwel over de hele wereld, "We begrijpen dat je het beste met ons voor hebt, maar we weten bij god niet waar je over praat."

Binnenkanten van handen zijn soms welsprekender dan welke taal dan ook. Ook schouders ophalen, tong uitsteken, wijzen, middelvinger omhoog duwen, wijsvinger over duim wrijven, vuist gebald in de lucht schudden, geeft doorgaans zonder enig geluid voort te brengen overtuigend weer wat je zou willen zeggen als je de betreffende taal meester was.

De serveerster, die begreep dat haar Gallische geluiden niet het gewenste resultaat opleverden, liep terug naar de lange tafel, sprak even met de buschauffeur en wees in onze richting. Hij knikte, stond op en kwam op ons toe. Vermoedelijk was hij of een Fransman, of een Waal die misschien wat Vlaams als tweede taal had, want hij bracht er langzaam en voorzichtig sprekend met begrijpelijke moeite uit:

"Mijnheer, Uwe lichten zijn aangebrand."

Enormiteit

WE hadden al geruime tijd naar het benzinemetertje van onze Renault gekeken en begrepen dat er binnen niet al te lange tijd een verse aankoop van brandstof gedaan diende te worden. Maar in Frankrijk kan je je soms op een weg bevinden waar benzinestations dun gezaaid zijn en dit was er zo een.

We waren in Europa om nostalgische bezoeken te brengen aan plaatsen die ons warm in het geheugen lagen als ideale vakantieoorden, maar die nu tot onze ontsteltenis haast zonder uitzondering overgroeid bleken met torenhoge flatgebouwen en snelle restaurants waar grote hoeveelheden imitatie voedsel verorberd werden door de met busladingen aangevoerde reizende menigte van nu. De voor de bussen aangelegde parkeergelegenheden leken ons beduidend groter dan de plaatsen die we eigenlijk hadden willen bezoeken en het aantal winkeltjes dat souvenirs verkocht was niet minder dan schrikbarend.

Behalve ons begrijpelijk ach en wee over de vooruitgang van de afgelopen dertig, veertig jaar vroegen we ons ook nog met medeleven af of het mogelijk zou zijn dat deze toestanden in veertig jaar vanaf

106

vandaag toch ook nog warm in iemands geheugen zouden kunnen liggen, en toekomstige vakantiegangers doen verlangen naar het gewoel tussen al die bussen.

Het was redelijk goed weer, maar, zoals dat in Europa wel vaker voorkomt, sloeg het plotseling om. Een pikzwarte wolkenmassa van grote afmetingen had zich strategisch boven ons opgesteld en begon zich onverwijld leeg te storten. Van het ene, droge ogenblik op het natte andere plensde het zo hard dat m'n ruitenwissers het zelfs in de snelle zetting niet meer konden bolwerken. In een bekende omgeving is dat zo erg niet, maar in den vreemde, niet wetende wanneer de volgende bocht zal opdagen is dat een geheel andere zaak.

Al nerveus toen we tussen de druppels doorkijkend een verlichte benzinepomp naderbij zagen komen werd ik nog zenuwachtiger toen ik voor de zoveelste maal bang op het metertje keek en met zekerheid kon zeggen dat ons voertuig zelfs deze luttele meters niet meer op eigen kracht zou volbrengen.

Ik kon dan ook nog net het garageterrein op rijden, maar het brandstofgebrek bracht de Renault tot een definitief halt, net buiten bereik van het afdak over de pompen maar in het volle bereik van de plensbui. Twee Franse benzinepompers stonden ons onder hun afdak geluidloos maar droog in het Frans te verwensen, want het was hen na ons ontijdig tot stilstand komen natuurlijk duidelijk geworden dat ze er niet af zouden komen zonder zich in de wolkbreuk te storten.

Wij schoten onze regenjassen aan, als je dat tenminste aanschieten kunt noemen, want zelfs het pakken van een zakdoek is geen sinecure in een auto van zulke beperkte afmetingen. Mijn vrouw wilde van het toilet gebruik maken in de tijd dat ik de benzine aankoop behandelde, dus we rukten de deuren open en holden allebei in de richting van de garage. Zij doet altijd automatisch de autodeur op slot: dieven leidt zij liever zo weinig mogelijk in verzoeking.

Ik had die goede gewoonte ook aangenomen, dus toen ik de twee wachtende Fransen druipend tegemoet snelde had ik het prettige gevoel dat beide deuren ferm op slot waren en dat er geen schijn van kans bestond dat een Franse miscreant van onze tijdelijke afwezigheid gebruik zou maken om zich onze boel eigen te maken. Deze euforie was echter van korte duur, plaats makend als het deed voor een zinkend gevoel in mijn maagstreek toen ik me realiseerde dat de enige beschikbare sleutel nu onbereikbaar in het ontstekingsslot zat.

Mijn eega leeft in de veronderstelling dat mij dit wel vaker over-komt en draagt voor zulke gelegenheden een extra sleutel in haar handtas mee. Deze Renault was echter een nog maar een paar dagen geleden tweedehands in Holland gekocht brikje en zij was aan haar zekerheidssleutel helaas nog niet toegekomen.

"*Vous voulez essence?*" vroeg een der Fransen vriendelijk, want die wist nog nergens van.

"*Oui, mais . . . le clef . . . dedans,*" prutste ik, naar de auto wijzend en met dezelfde hand een sleutel-omdraaiende beweging makend.

Deze primitieve ontboezeming maakte me niet populairder, dat kon ik wel zien. Maar ondanks dat greep een van de twee monteurs een flinke schroevendraaier en zei in het Frans dat hij daar wel iets op wist. Renaults bevatten voor hem blijkbaar geen onoverkomelijke geheimen. De twee Fransen en ik renden in de kletterende gietregen naar ons wagentje, waar de Fransman iets aan de bovenkant van het raampje deed met de schroevendraaier totdat hij, na geruime tijd prutsen, een vingerbrede opening had doen ontstaan. Vermoedelijk hadden ze dit grapje al eens eerder bij de hand gehad, hoewel mis-schien niet in dezelfde weersomstandigheden. De andere monteur greep namelijk, zonder er ook maar één Frans woord bij vuil te maken de bovenkant van het glas beet en ramde in één keer het raam hele-maal naar beneden.

De regen, die in plakken naar beneden kwam, spoot meteen naar binnen. Ik merkte op dat er zich zonder dralen plasjes begonnen te vormen, natuurlijk hoofdzakelijk op mijn zitplaats. Om te voorko-men dat ik dagenlang met een nat achterste te kampen zou moeten hebben stak ik mijn hand door het raam, trok in snelle opeenvolging het veiligheids knopje omhoog, opende de deur, draaide het raampje weer naar boven, drukte het veiligheidsknopje uit macht der gewoonte weer naar beneden en sloeg de deur met een klap dicht.

"*Merci beaucoup!*" nap ik enthousiast, blij dat deze narigheid zo snel zijn oplossing gevonden had.

De van-de-regen-druipende, behulpzame Fransman met de schroevendraaier zette ogen als schoteltjes op en wendde zich tot de andere kletsnatte, op dezelfde wijze bewogen Fransman. Hij breidde zijn armen uit, liet de schroevendraaier dramatisch in een plas vallen en zei, "*Merde alors! Ce n'est pas possible.*"

Nu is "*merde alors*" geen nette uitdrukking in het Frans. Het heeft te maken met WC-activiteiten en ik begreep niet meteen waarom deze laagstaande uitdrukking gebezigd had moeten worden. Maar m'n glimlach bevroor op mijn gezicht toen het tot mijn ontzetting tot mij doordrong dat ik nog steeds de sleutel niet uit het slot verwijderd had.

Ik moet tot mijn verdediging zeggen, dat, als het ten eerste niet zo geregend had, en als ik ten tweede niet zo ingezeten had over de benzine en ten derde als dit in een meer familiaire omgeving plaatsgevonden had en ten vierde als m'n vrouw niet altijd zo vervelend doorgezanikt had over dieven, had me dit natuurlijk nooit gebeurd.

En die Fransman kon nou wel zeggen, "*Ce n'est pas possible!*," maar toch had ik het gedaan.

Dromen

MEXICO is een van die landen waar sommige mensen hun eigen huis bouwen, maar omdat het voor 99% een heel arm land is en voor 1% verschrikkelijk rijk, zie je nog al eens wat door-amateurs-gemetselde muurtjes, compleet met openingen voor ramen en deuren. Het is duidelijk dat de behoeftige eigenaars nimmer toegekomen zijn aan hout voor sponningen of kozijnen, laat staan dakspanten. Vaak staat er voor zo'n woon-rudiment een hoopvol *"Te Koop"* bord, waarvan de letters er meestal uitzien alsof ze er voorzichtig met een in teer gedoopte, versleten tandenborstel opgesmeerd zijn.

Ook zie je machtig veel poorten. Mexicanen zijn wat je zou kunnen noemen, "afkoelend werklustig." Ze beginnen met veel te veel enthousiasme op de meest onwaarschijnlijke plaatsen met het bouwen van vaak heel bewerkelijke entrees. Ieder ander zou zich misschien liever eerst concentreren op het bouwen van het huis, en het pad dat er van de weg af naar toe leidt, om dan het verfraaien van de ingang tot een latere datum te relegeren. De Mexicaan prefereert echter eerst het leuke, artistieke werk te doen. Helaas verliest hij werklust in directe evenredigheid met het zweet zijns aanschijns, zodat na een paar jaar zo'n poort daar staat, midden in een stuk onbebouwd land, een beetje verlegen, tegen beter weten in de indruk te verwekken dat hij ergens de ingang van is.

Tegen die tijd heeft de Mexicaanse jeugd er ongestoord hun kunsten met spuitkannetjes op kunnen vertonen en met hun hiero-glyphen onomstotelijk vastgesteld dat het hier weer eens een in-de-steek-gelaten project betreft.

Eens zagen we, op weg naar San Felipe, aan de westkust van Baja Californië, een honderd-meter-lange, uit rul zand bestaande vierbaans oprijlaan, met een vijftigtal reeds verdorde palmbomen in de middenstrook. Waar de laan begon stond een bijna klare poort, met ernaast een raamloos, deurloos en dakloos portiershuisje. Het was duidelijk dat hier heel wat geld en spierkracht in gezonken was: deze poort was niet van kinderachtige afmetingen. Hij was zeker vijf meter wijd en drie meter hoog.

Maar zelfs nadat je min of meer gewend geraakt bent aan de onvoltooide symphonieën in hout, cement en ijzer van de Mexicaanse burger ben je toch niet bedacht op het miljoenenproject dat zich ver-heft op de 28ste parallel, midden in het schiereiland. De Mexicaanse Regering, uiteraard samengesteld uit poorten-lievende burgers, heeft kans gezien daar een gigantisch monument op te richten voor de herdenking van de grandioze opening van *De Weg.*

Baja California staat in ons King Pepermunt Atlasje aangeduid als "Schiereiland Californië," ook wel als "Neder-Californië." Het strekt zich uit tussen de grens van de Verenigde Staten en Cabo San Lucas (K.S. Lucas, in het atlasje, of "de Kaap.") Dit is een afstand van ongeveer 1200 kilometer. Tot 1970 of daaromtrent bestond er geen begaanbare weg, die de weinige indianendorpjes met elkaar verbond. De bevolkingsdichtheid was minder dan één persoon per vierkante kilometer. Het land bleek alleen geschikt voor door Amerikanen georganiseerde wildernistochten, met speciaal daartoe aangepaste auto's en motorfietsen, de befaamde Baja 500 rally's.

Het land verkeerde door deze isolatie vrijwel geheel nog in zijn natuurlijke staat: ongerepte woestijn, onbetreden bergen, onbezochte stranden.

Aan deze ongewenste toestand moest natuurlijk een eind komen. Om dit te bewerkstelligen besloot de Regering er een 1200-kilometer-lange strook asfalt in te leggen, zodat het land zich kon gaan ontwikkelen en de inboorlingen een kans zouden hebben om deel te gaan nemen aan de rest van de wereld. Ook leek het niet onwaarschijnlijk dat het dollar-toerisme er op vooruit zou gaan, want die jongens met die motoren was nou wel leuk, maar het bracht niet veel geld in het laadje.

In Mexico wordt zo'n weg nog steeds aangelegd op de simpele manier, met houwelen, scheppen en kruiwagens, kortom met wat Amerikanen zo aardig beschrijven als *elbow grease*. Het valt dus te begrijpen dat dit werkje niet in een achternamiddag voor elkaar was en dat de voltooiing ervan redelijkerwijs met wat *fanfare* gepaard mocht gaan.

De 28ste parallel verdeelt Baja in twee ongeveer gelijke stukken. Het bovenste stuk staat bekend als *Baja California Del Norte* en het onderste als *Baja California Del Sur*. Ons atlasje rept niet over deze verdeling. Dit is misschien te verklaren door het feit dat het verscheen in 1958, en dat in Sneek, waar zich de Kingfabrieken Tonnema NV. ophouden, Baja toch al niet een enorme plaats in de publieke belangstelling inneemt.

Nu had het misschien een aardig idee geweest om bij die denkbeeldige lijn, de 28ste parallel, naast de zojuist afgemaakte weg een leuk ontworpen bordje te plaatsen en dat officieël te onthullen; een stevig geconstrueerde gedenkplaat, die met een paar welgekozen woorden aan passerende automobilisten de gelegenheid geeft te vernemen, dat er op zo-en-zo dag een officieële opening van deze verkeersader heeft plaatsgevonden. In Oregon, in de V.S., staat er een soortgelijk bord, op de 45ste parallel, dat de nieuwsgierige automobilist laat weten dat hij zich nu op een punt op de aarde bevindt dat halverwege de evenaar en de noordpool ligt. Er is zelfs een streep over de weg getrokken die je positie nauwkeurig vaststelt. De bedoeling hiervan is, dat je, zo gewenst, even je auto stopt, het verhaal op het bord voorleest aan je familie, en jokt tegen je kinderen dat dit nu dezelfde streep is die in hun schoolatlas staat afgebeeld. Kortom: een excuus om je benen even te strekken voordat je je verder begeeft op de weg naar Pool of Tropen.

Op de 28ste parallel, in Baja, heeft de Mexicaanse Regering niet alleen een gedenknaald opgericht die op kilometers afstand te zien is, maar ook een museum, een restaurant, een Pemex (Petrolios Mexicanos) benzinestation, een groot hotel, parkeergelegenheid voor honderden auto's, plus een landingsbaan, die aan alle eisen voldoet voor het landen van hedendaagse Jumbo straalvliegtuigen.

Nu zien in het beste geval gloednieuwe bouwwerken in dit land er uit alsof ze al vijftig jaar of langer staan, maar toch komt het zelden voor dat ze in minder dan geen tijd de indruk geven dat de sloper net even met lunch gegaan is en ieder ogenblik kan terugkeren om zijn werk voort te zetten.

Toen we er namelijk vijf jaar na de Opening langs kwamen en voor het eerst kennismaakten met deze grootsscheepse omgeving bleek het museum leeg te staan, de ruiten ingegooid, de muren met graffiti bespoten terwijl zich stapels vuilnis in de portieken opgehoopt had. De plannenmakers hadden er blijkbaar niet bij stilgestaan dat er in zulk een gebouw iets tentoongesteld dient te worden, plus dat er genoeg publiek beschikbaar zou moeten zijn om ernaar te komen kijken om zodoende het idee levensvatbaarheid te geven. Het restaurant was bijvoorbeeld bij gebrek aan klandizie al gesloten; het aan gruzels geworpen glas na vijf jaar nog steeds niet weggeruimd. Op de dag van ons bezoek was Pemex nog open, maar het leed een opvallend armzalig bestaan. Nog een jaar later stond het eveneens onbemand, met glasdiggels in de oprit; de roestende pompen skeletale monumenten tot bureaucratische verkwisting of misrekening.

De enorme landingsbaan, die speciaal gebouwd werd voor het op de Openingsdag aan- en afvoeren van met dignitarissen en notabelen gevulde straalvliegtuigen, is na de ceremonie met de redevoeringen, het elkaar op de schouder kloppen, het banquet en de Franse champagne nooit meer door een toestel van die afmetingen bezocht. Van tijd tot tijd landt er een Amerikaan met zijn sportvliegtuigje, dat misschien een tiende van de startbaan gebruikt. De piloot kan dan, na een half uur stevig doorstappen, het hotel bereiken, dat nog steeds open is. Hier kan hij een belachelijk dure, veel te grote kamer huren, zeuren totdat hij een handdoek en een stukje zeep krijgt, om dan te ontdekken dat er pas 's morgens om 6 uur weer heet water is.

Ondanks dat gaan we er nog steeds met plezier heen. Waarschijnhijk juist omdat het land is zoals het is—de levenswijze van de bevolking is anders dan dat van de rest van de wereld. Ze zijn gezelliger, zeker onder elkaar, en ze maken zich niet verschrikkelijk druk om alles in de puntjes geregeld te hebben. Het stereotypische beeld van de slapende Mexicaan in de schaduw van zijn palmpje is nog steeds niet ver verwijderd van de Mexicaan van vandaag.

Viva Mexico!

Techniek

VAN waar wij wonen ben je in een paar uur in Mexico, en daarom bezoeken wij dat exotische land nog al eens, hoewel tegenwoordig nooit meer zonder gereedschapskist.

Want op het eerste gezicht, als je een Mexicaanse hotel- of motelkamer binnenstapt lijkt alles net echt, maar het blijkt al gauw dat minstens één van de lichtpunten niet werkt, de airconditioner niet aangesloten is, de stop van het bad verdwenen is, de douche dag en nacht drupt, het raam potdicht geschilderd is en dat je gemazzeld hebt als er heet water is.

Met wat doelgericht aanpakken zouden deze betrekkelijke kleinigheden door de hotelhouder snel verholpen zijn, maar de charme van dit land is, dat lang geleden de woorden "aanpakken" en "doelgerichtheid" op een dag ongemerkt uit de nationale woordenboek gegleden zijn. Dit is waarschijnlijk de reden waarom Mexico best een aardig land is om te bezoeken. Het is nog niet zo over-georganiseerd, en dat laat aardig wat plaats over voor prettige verrassingen. En ondanks de dramatische verhalen die rondgaan hebben wij er nog nooit iets gestolen gehad. Het is waar dat er zo nu en dan een Amerikaan vermoord wordt, maar dat is dan misschien een toerist die het er wel naar gemaakt zal hebben door zich in te laten met een reeds besproken *señorita*. Ze zien je heus wel graag verschijnen, want, met de algemeen heersende armoede, aan wie zouden ze anders hun met zoveel panache geprepareerde kreeftschotels kwijt moeten?

Eenmaal bij de grens gearriveerd rij je vanuit Californië zonder enig vertoon Mexico binnen. De Mexicaanse douanen lijken wel alleen maar wat rond te hangen in slechtzittende uniformen en imposante petten. Slechts als je meer dan dertig kilometer in hun land wil doordringen komen ze in lethargische actie. Ze plakken dan een kleurig papiertje op je voorruit dat zegt, *"Turista"* en willen weten of je geen vuurwapenen meevoert, want daar hebben ze wat tegen. Ze kijken dan even hoe je bagage er van buiten uitziet; van je gereedschapskist zeggen ze niets. Dit gedaan houden ze de hand op en zeggen, *"Dollar for me, dollar for him,"* met een hoofdbeweging naar een-wat-beter-gevoede Mexicaan, die in de schaduw van het douanekantoortje met de pet op de neus zit te knikkebollen.

Toen we ons de eerste maal bij dit kantoortje moesten vervoegen voor ons *Turista*-papiertje ging mijn vrouw even de handen wassen of iets in die geest. In de wasgelegenheid vond zij verscheidene nogal verwaarloosde wasbakken. In één ervan liep constant de kraan. Niet zo maar drup-drup, maar met een stevige straal. Vergeefs probeerde zij de stortvloed te stuiten, maar deze domme kraan wilde nergens van weten. Ze deelde dit mee aan de douanebeambte, die met onze papieren bezig was. Haar Spaans is aanmerkelijk beter dan het mijne en hij begreep dan ook onmiddellijk waar ze het over had.

"Ah! Yo se!" zei hij, en ging verder met zijn grenswerk. Hij wist er dus blijkbaar al van. Ook moet hij geweten hebben dat Mexico juist in die tijd door een periode van grote droogte ging; de kranten stonden er vol van. Je ging haast de bak in als je je tuin water gaf, dus het was te verwachten dat de loodgieter hier zonder dralen ontboden zou worden.

Twee jaar later kwamen wij daar weer langs. Ondanks dat er nog steeds geen ingrijpende veranderingen in Mexico's watergebrek plaatsgevonden hadden liep dezelfde kraan nog steeds, onveranderlijk, gestadig. Om Mexico van een zekere ondergang te behoeden draaide m'n vrouw deze keer de afsluitkraan dicht, in de vaste overtuiging dat de bevoegde autoriteiten dan nu toch zeker wel met spoed zouden optreden en onverwijld deze uiterst simpele reparatie laten verrichten. Ik moet helaas melden dat, weer een jaar later, die afsluitkraan nog steeds dichtgedraaid zat. Mexico is, misschien daardoor, niet ten onder gegaan.

Het blijkt dus wel, dat het meedragen van een gereedschapskist echt niet overdreven is. Zodra we een motelkamer binnengewandeld zijn en onze reistassen neergezet hebben gaan we meteen aan het werk. De schroefjes van dat gammele deurslot worden vastgedraaid; stekkertjes en lichtknopjes bekeken en waar nodig hersteld. Daarna de doorgebrande lampjes eruit, nieuwe erin, en inspecteren of er geen schakelaartjes zijn die levensgevaar opleveren. Dan de badkamer in, douchekop uit elkaar, ketelsteen eruit, lekvrij maken. Is er heet water? Zijn er handdoeken? Nu nog even de *air conditioner* opnieuw bedraden, zien of de ramen open kunnen en of er geen gaten in het glas zitten.

Dit zijn allemaal voor de hand liggende probleempjes, die, uitgezonderd misschien gebroken vensterruiten, met een schroevendraaier en een tangetje op te lossen zijn. Sommige Mexicaanse herbergen hebben echter hun eigen, individuele, onstoffelijke geheimzinnigheden.

De meeste mensen lezen graag nog een kwartiertje in bed voordat ze gaan slapen en bedachtzame motels hebben daarom soms wel eens leeslampjes boven het bed aangebracht, of op de nachtkastjes geplaatst. Soms werken die, soms niet. Het motel waar wij op een avond ingetrokken waren had een leeslampje, aan de muur boven het bed. Dit keer echter, ondanks ernstige en langdurige pogingen, kon ik het ding met geen mogelijkheid aan het branden krijgen. Ik kon niet anders doen dan erkennen dat ik mijn match ontmoet had: deze uitdaging was mij te veel gebleken. Het bolletje was heel, het schakelaartje werkte perfect, alle draadjes waren doorverbonden en er was dus geen enkele reden waarom er geen licht uit het stomme ding zou komen. Het kwam er op neer, dat lezen gedaan moest worden bij de illuminatie van het kale peertje, dat aan een vliegenbepoept draadje van het plafond hing en dat door een schakelaar naast de deur bediend werd.

Tegen het hoofdeind van het bed geleund zaten we onze ogen aldus voor een minuut of tien te verpesten, en toen we aan de nacht-rust toe waren knipte ik het licht bij de deur uit en vond op onzekere benen in het pikdonker mijn zijde van het bed. Niet zo gauw had ik mijn hoofd op het kussen gelegd of het leeslampje ging branden.

"Wat nou?" zeiden we allebei tegelijk, want onze vocabulaire heeft na vijftig jaar samenleven niet veel verrassingen meer.

"Dat is het toppunt!" stelde ik vast. "Na alles wat ik gedaan heb om dat ding aan de gang te krijgen . . ." Ik hees mezelf overeind met het doel dit fenomeen wat beter te kunnen bestuderen. Prompt zaten we weer in het donker.

"Asjemijnou!" zeiden we, weer gezamenlijk.

Het bleek dat als we gingen liggen de leeslamp op mysterieuze wijze ontbrandde en als we overeind kwamen hij net zo geheimzinnig weer uit ging. Dit was een ontastbaar wonder, dat beslist onderzocht moest worden. De gereedschapskist stond nog op de vloer, naast de badkamerdeur.

Ik stond op, draaide het schamele peertje weer aan en legde wat gereedschap klaar voor een volledig onderzoek. Ik begon met de draad te volgen die van de leeslamp naar beneden liep en achter het hoofdeinde van het bed bleek te verdwijnen. Om te kunnen zien waar het bleef trok ik het bed een decimeter van de muur weg en onthulde een grote tros dubbelstekkers met stekkers en bossen draden, die allemaal electriciteit uit een enkel stopcontact zogen; een visioen waar inspecteurs van de brandweer nachtmerries van hebben en waarmee zelfs gewone brandweerlieden moeite hebben om in slaap te raken.

Alle stekkers waren, zover ik kon zien, op zeer rijpe leeftijd en daarom wat los in de lendenen. Als je dus je hoofd op het kussen legde onstond er net genoeg druk op een van de stekkertjes om contact te maken, waardoor ons leeslampje tot leven komen kon. Er zaten drie dubbelstekkers aan die tros, allemaal krakend van verregaande ouderdom en arthritis, en de eeuwenoude draadjes lieten droge kruimeltjes in je hand achter als je ze aanraakte.

Mijn vrouw zag me dit staaltje van vakmanschap aanschouwen en vroeg, "Dat ga je zeker allemaal vanavond nog opknappen?"

Er bestaan van die vragen die een nauwelijks verholen bedreiging, of op z'n minst een latent commando behelzen. Omdat ik begreep dat dit of het een of het ander was antwoordde ik, hoewel m'n handen jeukten om aan de slag te gaan, op zo'n overtuigende wijze als ik kon: "Nee, zeg, natuurlijk niet!"

Ze had natuurlijk gelijk: de zaak zag er veel te gecompliceerd uit om nog voor het aanbreken van de dageraad in het reine gebracht te kunnen worden. Ik trok daarom de hele warboel maar uit het stopcontact, want levend verbranden, ver van huis, in een middelmatig motel, bevat geen enkel greintje romantiek, zelfs niet in een exotisch land als Mexico.

Terstond hoorden we door de dunne muur heen het gemoffelde geluid van een verbaasde vrouwenstem, die riep: "Harry! Alle lichten gaan ineens uit!"

Justitia

TOEN we nog niet erg bekend waren in Mexico werden we op een dag in Ensenada gestopt door een jeugdige politieman in een blauw-en-witte auto, die er uitzag alsof hij hem bij een obscure tweedehands zaak op de kop getikt had.

Hij beweerde dat we ergens rechtdoor gereden waren vanuit een rijweg waar je alleen maar linksaf mocht, want die bestaan zelfs dáár. We namen aan dat zijn bewering steek hield, want, zelfs al had onze beperkte kennis van zijn taal ons in staat gesteld hem te weerstreven, zagen we de futiliteit van zo'n debat in. De verkeersaanduidingen in Mexico zijn verre van perfect en kunnen grote verwarring veroorzaken, en niet alleen bij vreemdelingen.

De jonge agent vroeg naar mijn rijbewijs. Toen ik het hem overhandigde bestudeerde hij het nauwkeurig, alsof hij de daarin beschreven informatie uit het hoofd wilde leren. Toen hij daarmee klaar leek te zijn stond hij er een beetje verlegen in zijn handen mee te draaien, alsof hij niet goed wist wat te doen. Wij zaten inmiddels te wachten tot hij zou gaan schrijven, want dat is haast in ieder land de normale gang van zaken.

We hadden al begrepen dat zijn Engels niet zo best was en hij had al rap ingezien dat ons Spaans ook nergens op leek, waardoor vruchtdragende polemiek als een vrijwel onbereikbaar doel gezien kon worden.

Nadat wij hem een poosje in zijn besluiteloosheid hadden geobserveerd, stopte hij ineens resoluut mijn rijbewijs in de borstzak van zijn slechtzittende uniformjas en gebarentaalde iets in de geest van "Volg mij." Dat deden we, in een richting waar we beslist niets te zoeken hadden. Maar hij had mijn rijbewijs in zijn zak en dat document heb je in de V.S. praktisch dagelijks voor alles en nog wat nodig. Na een kilometer of vijftien stopte hij voor een verveloos gebouwtje, dat overeind gehouden scheen te worden door een bouwvallige bakkerij aan de ene kant en een drukbezochte, veel-beter-in-de-verf-zittende drankwinkel aan de andere. Hij stapte uit en gebood mij gebarenswijs samen met hem het schamele pand te betreden.

Ik gaf uiteraard gevolg aan deze officiële uitnodiging en betrad een kaal vertrekje, waar een eenzame secretaresse aan een wiebelig tafeltje iets zat te typen op een vijftig-jaar-oude schrijfmachine. Ik weet dat-ie minstens vijftig jaar oud geweest moet zijn, want het was zo'n hoge, zware zwarte, met goud opdruk, met raampjes van dik, geslepen glas in de zijkanten. Zo'n degelijke constructie had ik al sinds m'n vijftiende niet meer gezien.

De politiebeambte draaide nog wat doelloos rond en wisselde af en toe wat Spaans uit met de secretaresse. Ze keken dan even schichtig naar mij en ik vermeende de typiste dan te zien grinniken als ze dacht dat ik niet keek. Ik stond maar wat van het ene been op het andere te leunen, want stoelen voor arrestanten waren niet bij het meubilair inbegrepen.

Ineens nam de politieman een besluit. Hij gaf me m'n rijbewijs terug en woof me de deur uit. Hij zei nog iets in het Spaans en ik neem aan dat het neerkwam op, "Nou, ga dan maar, maar doe het nooit weer!"

Terug in de V.S. sprak ik een paar dagen later met een kennis, die al jaren Mexico bezoekt. Ik gaf hem een uitgebreid verslag van mijn merkwaardige belevenis in Ensenada.

"Wat kostte het?" was zijn reactie.

"Niks."

"Je bood hem niets aan?"

"Nee, waarom zou ik? Hij gaf me toch geen bekeuring?"

Hij begreep dat ik niet ingewijd was in de fijnere kneepjes van de Mexicaanse politie-arrestant relatie. Hij legde me uit dat in Mexico het politiewezen op een totaal andere leest geschoeid is dan in de rest van de wereld. In Mexico moet een politieman zijn baantje *kopen*. Hij moet aardig wat geld neertellen voordat hij dat machtgevend uniform, dat hij dus zelf moet betalen, mag aantrekken. Dat uniform vertegenwoordigt daarna zijn bron van inkomsten. Hoe hij zijn geld bij elkaar raapt, wordt aan zijn eigen vindingrijkheid overgelaten, daar bemoeit zijn overheid zich niet mee. Zolang hij een bevredigend percentage naar boven toe afdraagt is het uniform van hem.

Als je gestopt wordt door de politie, reik je dus wat geld aan door het neergelaten raampje en je overtreding is vergeven. Zou hij een bon schrijven, verdwijnt dat geld in een heel andere zak—daar ziet hij nooit een *centavo* van. En om er zeker van te zijn dat je contant betaalt vragen ze direct om je rijbewijs, en dat krijg je pas terug als de transactie voltooid is. Mijn kennis gaf me een paar voorbeelden van de legio mogelijkheden voor het verwerven van inkomsten voor de locale politiebeambte.

In de grensplaats *Tijuana* (heel misschien een samentrekking van *Tia Juana*, oftewel Tante Jansje, die blijkbaar in de grijze oudheid een postillonhalte had in die buurt), is, zoals in alle grensplaatsen ter wereld, veel sex te koop. Het verhaal gaat, dat de tot vindingrijkheid genoopte politiemacht een fijnzinnige methode bedacht heeft om geld uit de diepe zakken van Amerikaanse toeristen te kloppen. Dames, die zonder mannelijk escort door de straten van Tijuana lopen te winkelen, en gemakkelijk te onderscheiden zijn van Mexicaanse dames, worden gearresteerd en op het politiebureau van "tippelen" beschuldigd. Om vrijgelaten te worden wordt de onfortuinlijke echtgenoot ontboden en gedwongen een vergunning te kopen, die zijn vrouw het recht geeft voor een bepaalde tijd in Tijuana het oudste beroep ter wereld uit te oefenen. Volgens mijn informatieve vriend zijn er dus echtparen in de V.S. die zo'n vergunning ingelijst boven hun bed hebben hangen. Of dit leidt tot een meer exotisch liefdeleven is niet bekend.

Mocht je ooit illegaal geparkeerd staan, ontziet de politie zich niet om de nummerplaten van je auto af te schroeven, die je pas terugkrijgt als er afgerekend is.

Het een en ander is belangrijke informatie voor de reiziger die zich in Mexico op de weg waagt. We reden eens, totaal verdwaasd door de onbeholpen verkeersaanduidingen, in de stad Mexico, met de kaart op de knieën zoekend naar een bepaalde straat, toen we bij een kruising twee politiemannen ontwaardden, die als reddende engelen op een pleintje stonden te niksen. We schoten op ze af en stopten aan de stoeprand.

"Kunt U ons ook zeggen waar de Alejandro Gomez straat is?" Ik maakte een hulpeloos tweehandig gebaar in de algemene richting van de omgeving.

"Mag ik even uw rijbewijs zien? U bent door een rood licht gereden," antwoordde een der wetsdienaren met een slecht verholen grijns.

"Nou, dat moet dan wel een verdomd goed verdekt opgesteld rood licht geweest zijn," mopperde ik uit m'n mondhoek tegen m'n vrouw, terwijl ik het verlangde document overhandigde.

"Weet U wel wat dat kost?" vroeg de andere politieman verrukt. "Zeker vijf en vijftig dollar!"

Mijn vrouw, die schaamteloze gewoontes heeft, ging snel op onze portefeuille met reisgeld zitten, die open en bloot op de zitting lag en zei op zielige toon:

"We hebben maar twintig."

De twee smerissen knikten vrolijk, pakten het geoffreerde twintigje grif aan, gaven me m'n rijbewijs terug en legden ons haarfijn uit waar de Alejandro Gomez straat was.

Het valt te begrijpen dat met al die percentages die hogerop een steeds groter bedrag gaan vertegenwoordigen, de hoofdcommissaris op een der duurste heuvels van Mexico City een ommuurd paleis had laten bouwen, waar het geld verscheidenen malen per dag met volle zakken door de zwaar bewaakte poorten werd binnengedragen. Lijfwachten met machinegeweren en ingemene honden zorgden er voor dat hij ongestoord, zonder fouten te maken, tellen kon.

Maar nog niet zo lang geleden kwamen ze hem arresteren omdat hij verdacht werd van corruptie (lees: niet genoeg afgedragen naar hogerop). Waarschijnlijk was hem dit uit vertrouwde bron bijtijds ter ore gekomen, want het geval wilde dat hij die dag elders vertoefde. Ook de dag daarop was hij niet in residentie en toen zijn onbereikbaarheid permanent bleek te zijn zagen de autoriteiten van onderzoek naar corruptie verder af.

Dit Hoofd woonde later in een heel ander paleis, op een nog veel duurdere heuvel in Florida, van waaruit hij zijn corrupte schaapjes op het respectabele droge van de New Yorkse Effectenbeurs kon laten gedijen.

's Lands wijs . . .

Ik weet niet of ik overdreven cynisch geworden ben, maar het is mij in de afgelopen veertig jaar opgevallen hoe hooggeplaatste jongens zelden door andere hooggeplaatste jongens geforceerd worden om op slinkse wijze verkregen bijeengegaarde weelde te restitueren.

En dat geldt niet alleen voor Mexico.

Onderneming

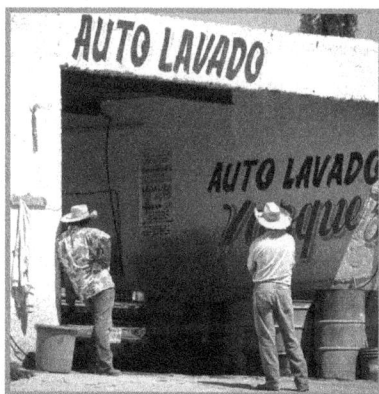

EEN mens heeft niet altijd maar zin om zijn auto zelf te wassen. Afgezien van de energie die het kost loopt het zelden zonder water in je schoenen af, waardoor het niet denkbeeldig is dat je longontsteking opdoet, met als resultaat een lang verblijf in een ziekenhuis, met de hoge kosten daaraan verbonden.

In de Verenigde Staten, en ik maak me sterk in veel andere landen van de wereld, bestaan er ondernemende jongens die begrijpen dat er veel mensen zijn die meteen over hun gezondheid beginnen te tobben zodra het onderwerp automobielreinigen op de proppen komt, en die van deze bezorgdheid gebruik gemaakt hebben om handige autowasserijen in het leven te roepen.

Een Amerikaanse *car wash* is in de meeste gevallen een pijpenlaachtig bouwwerk, waar je wagen door middel van een in-de-vloeraangebracht instrument stuurloos van het ene eind naar het andere geduwd wordt. Op verschillende plaatsen onderweg wordt hij machinaal besproeid, ingezeept, gelapt, geborsteld, gespoeld, soms met was bespoten en drooggeblazen, terwijl er tezelfder tijd twee waarschijnlijk illegaal in het land vertoevende Midden-Amerikanen één op de voorbank en één op de achterbank gesprongen zijn met de taak om je ramen, je deuren en je dashboard te poetsen en de vloermatjes uit te kloppen, en te stofzuigen. Aan het eind van de pijpenla worden de laatste aanhangende druppels water met de hand weggezeemd door een derde papierloze immigrant, die daarna je bonnetje aanpakt en je weer in het bezit van je voertuig stelt.

Het gebeurt maar zelden dat er meer dan een kwartier gemoeid is met zo'n behandeling. Als je niet zo dom bent om een dag te kiezen waarop iedereen hetzelfde idee heeft, zoals bijvoorbeeld zaterdag, ben je er zó in en uit. Maar zelfs op drukke dagen (woensdag is soms Damesdag, en goedkoper) kun je er wel op rekenen dat je niet veel meer dan een half uur kwijt bent.

In Zuid-Californië worden auto's niet gauw vuil, in ieder geval niet zo dat het onmiddellijk opvalt. Het regent zelden, de wegen zijn doorgaans geplaveid en schoon, en als er geen smog bestond kon een automobilist haast wel volstaan met een klein wasje twee maal per jaar. Niet altijd zo in andere delen van de wereld. Je hoeft maar een zijstraat in te schieten in Tijuana, en je hebt gelijk voor een maand vuil op je lak. Waar ze modder vandaan halen begrijp je niet, want het regent er net zo weinig als in San Diego, maar Tijuana's ongeplaveide straten zien er altijd uit of het riool net gebarsten is.

Nog wat verderop, in Guatemala, of El Salvador, of Honduras, ziet soms de *hoofdweg* er zo uit. En als na een dag of wat uitstellen je ingeboren Hollandse zin voor helderheid de overhand krijgt, ga je naar een *car wash* zoeken.

Nu zou je denken dat in een landje dat zevenhonderd keer zoveel drek op zijn wegen heeft rondslingeren als de V.S., autowasserijen als kool uit de grond zouden spruiten, maar het blijkt al gauw dat Honduras of waar je dan ook bent, bijkans geen begrijpende, ondernemende jongens voortgebracht heeft.

Toch bleek er zo'n inrichting te bestaan, die we na veel vragen en zoeken binnenreden. De baas wees ons waar we konden parkeren en op onze beurt wachten. Het was duidelijk dat, met maar drie auto's voor ons, het geen lange wachtpartij zou worden. Bovendien waren er al twee jongens met een van de drie auto's bezig, dus er zat wel vaart in. Toen er na een kwartier nog geen verandering in de toestand bleek te komen, probeerde ik m'n Spaans nog een keer op de eigenaar.

"Hoe lang ongeveer?" vroeg ik, op m'n horloge wijzend, want niets werkt zo goed als een goed uitgevoerde pantomime zoals deze.

Het was één uur 's middags. Hij greep mijn pols en wees in het Spaans naar het nummer drie. Hij had blijkbaar ook van pantomime gehoord.

"Ah!" riep ik. "Quince minutos!"

"No!" antwoordde de eigenaar verontwaardigd. "Dos horas!"

"Twee uur? Voor drie auto's?"

"Si. Veel werk. Erg druk vandaag."

Het is moeilijk te geloven dat diezelfde jongens, eenmaal in de V.S. gearriveerd, binnen twee dagen geleerd hebben ieder uur zes auto's brandschoon af te leveren.

We lieten deze door werk overweldigde *car wash* aan zijn drukke lot over en reden verder, totdat we in Nicaragua zowaar een zaak vonden waar we binnen het uur keurig van alle Guatemalaanse en Hondurese modder afgeholpen werden.

Deze was eveneens gebouwd op het pijpenla-principe. Het verschil was dat hier, in plaats van onpersoonlijke machines, levende Nicaraguanen het lappen en poetsen verrichtten. Aan het eind van het pand werd je verzocht je schone auto zelf terug naar de hoofdweg te rijden. De enige weg terug naar de hoofdweg was een smalle, ongeplaveide straat. Iedere net gewassen auto moest daar doorheen. We stapten in en reden door het hobbelige straatje. Er was geen schijn van kans om de meterswijde modderplas te vermijden, waar we met een snelheid van tien kilometer per uur doorheen spletterden.

Eer

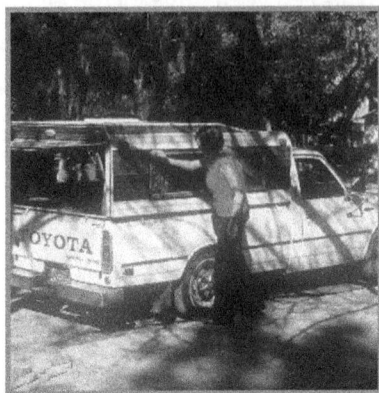

"**J**E kunt buiten sproeien wat je maar wilt, maar van ons interieur blijf je af. Die deuren blijven op slot!" Dit zei ik in min of meer Spaans tegen de bemaskerde Mexicaan, die, gewapend met een aan een rode pompbus bevestigde koperen spuit de plicht had alle de Mexicaanse grens overschrijdende voertuigen met insectverdelger te besproeien.

In heel Centraal Amerika wordt deze omstreden behandeling bedreven voordat voertuigen van het ene land in het andere toegelaten worden. Er wordt namelijk verondersteld dat er in de aangrenzende Republieken bizarre insecten voorkomen die zich wel eens aan voorbijsnellende auto's zouden kunnen vasthechten met als doel moeiteloos en gratis naar de naburige Republiek getransporteerd te worden, om in den vreemde hun sinister, vernietigend werk voort te zetten. Dat zo'n insect best in staat is op eigen kracht de grens over te lopen, kruipen of vliegen is wellicht nooit tot de bevoegde autoriteiten doorgedrongen.

Onze kampeerwagen was nu al negen keer bespoten in vier weken tijd: vijf keer op weg naar het zuiden en vier keer op de weg terug, en altijd onder protest. Wij vonden het maar een losbandig rondspatten met levensgevaarlijke stoffen, want het leek ons twijfelachtig dat de jongens die deze werkzaamheid verrichtten op de hoogte zouden zijn van de laatste bevindingen der wetenschap. De meer vooruitstrevenden hadden soms wel eens een klein papieren maskertje voor mond en neus, maar de meesten van hun collega's ademden maar rustig en blijkbaar gedachteloos door.

Helaas werd zonder vertoon van het vrijbriefje, dat na afloop verstrekt werd, je paspoort niet afgestempeld en bleef de slagboom potdicht. Er bestond geen keus: je moest aan het gif. Om je gerust te stellen werd er bij vermeld dat het geen kwaad kon voor mensen—het was "insect-selectief." Er zijn ook mensen die nog steeds geloven dat de maan van blauwe kaas gemaakt is. Nu was het waar dat de bedwelmende stank na een paar uur stevig doorrijden met je ramen wijd open al wat minder werd. Dan kon je zelfs op tien meter afstand je auto al haast niet meer ruiken. Waarschijnlijk hadden de experts daar hun geruststellende conclusies op gebaseerd.

Nu werd er niet aan alle grenzen even intensief gespoten. En als het alleen maar om de wielen en de binnenkant van de spatborden ging werd dat door ons op den duur vrijwel zonder tegenspartelen getolereerd, maar tegen een meer uitgebreid menu kwamen we in opstand, soms met succes.

Deze keer waren we binnengerold in een slaperige grenspost tussen Guatemala en Mexico, waar misschien vijf of zes auto's per dag passeerden. Het was heet, zo'n dag waarop je de trillingen van het asfalt ziet rijzen en het bermgras kunt ruiken terwijl het door de zon vanuit een strak azuren hemel bruin geroosterd wordt. We stopten een paar meter achter een personenauto die net insect-vrij gemaakt werd en zagen tot onze schrik dat we hier met een ware enthousiast te doen hadden. Deze spuiter beperkte zich niet tot de wielen, maar overgoot de hele auto, alsof hij hem aan het blussen was. Dit gedaan opende hij tot onze nog grotere ontsteltenis een portier en sproeide zonder terughouding wolken van het dodelijke vocht over de zitplaatsen en de vloerbedekking en voor de zekerheid ook nog over de binnenkant van de ramen, totdat alles droop.

"Dat laat ik niet doen!" kondigde mijn vrouw resoluut aan. "Kijk eens even! Hij smeert de hele boel onder! Je kunt dagenlang nog niet in die lucht slapen! En onze voedselvoorraad is ook niet veilig. Lust jij Dieldrin in je eten?"

"Ik weet haast wel zeker van niet," antwoordde ik, begrijpend dat er actie van me verwacht werd. En, ofschoon ik een onbehagelijk voorgevoel had dat deze nijvere Mexicaan moeilijk te stoppen zou zijn was ik het er toch wel mee eens dat er hier op z'n minst een ernstig protest gelanceerd diende te worden. Bovendien leek me dit een geschikte gelegenheid om eens te laten horen hoe aardig mijn Spaans na zes weken stuntelen opgeknapt was.

Toen onze auto dus onder het mes moest en we allebei genoodzaakt waren uit te stappen deed ik alle drie de deuren op slot, stevende met autoritaire tred op de sproeier met zijn overdreven flitspuit af en gaf hem het bovenstaande ultimatum, met een handgebaar van finaliteit.

De Mexicaan moet haast onmiddellijk de bedoeling begrepen hebben die in mijn beknotte Spaanse mededeling opgesloten lag, want hij schoof zijn belachelijke maskertje omlaag, zodat het onder zijn kin kwam te bungelen, keek me fronsend aan, wees naar onze auto en daarna naar de kant van de weg. Ik begreep meteen dat hij wilde dat ik de auto dáár zou parkeren, zodat hij hem dan vlot zou kunnen behandelen. Ik knikte minzaam en reed de wagen naar de door hem aangewezen plaats, zorg dragend de deur aan mijn kant weer stevig af te sluiten. Terwijl ik uitstapte zag ik dat hij aan een rode wagen begon, die eerst achter ons gestaan had.

"Hé!" riep ik gebelgd. "Het is mijn beurt!" maar hij deed net of hij geen Spaans verstond en ging gewoon verder. Daarna zette hij een groene, ook vóór zijn beurt, flink in het gif, waarna er even een hiaat was, die haast wel zeker in verband met *siësta* stond. De spuiter sloot namelijk de kraan, legde de gifbus op de grond en ging in de schaduw van het douanehuisje zitten dutten, met een breedgerande hoed op zijn neus. Hij zat daar net alsof hij aan het poseren was voor een toeristische ansichtkaart, wat natuurlijk wel leuk was, en erg pittoresk, maar weinig hielp om ons over de grens te brengen.

Wij probeerden onze bezwaren uit te leggen aan de douanebeambte, die in zijn gloeiend hete kantoortje tussen zijn stempels zat weg te smelten, maar die haalde alleen maar even de schouders op en deed absoluut niets om de duttende flitter tot de orde te roepen. Het kwam in mij op, dat ze waarschijnlijk deel uitmaakten van twee totaal verschillende Regeringsinstanties, die niets over elkaar te zeggen hadden.

We slenterden tussen de hitte-trillingen door naar de auto terug, om maar wat te doen te hebben. Onderweg vroeg mijn vrouw, "Wat zei je eigenlijk tegen die spuiter?"

Ik keek haar somber aan. "Ik zei dat-ie met z'n stomme klauwen van onze verdomde zittingen af moest blijven," legde ik balorig uit. Buiten bereik van andere Nederlands-sprekenden verruwt mijn vocabulaire nog wel eens wat, vooral als de omstandigheden het ernaar maken. Ze was een ogenblik stil, terwijl we langzaam doorkuierden. Het was zo heet dat we het gras onder onze schoenzolen konden horen knetteren.

"Hoe heb je dat in het Spaans voor elkaar gebokst?" vroeg ze tenslotte. Ze is uiteraard op de hoogte van mijn Hispanische limitaties.

"Nou ja, ik zei zoiets als, *'exterioor oké, pero NO dentro!'* En ik deed de deuren op slot. Ik vond het nogal duidelijk."

"Aha!" knikte ze begrijpend, met haar onderlip vooruit. "En toen heb je natuurlijk zo'n machtsgebaar gemaakt, om hem te laten zien wie hier de baas was." Het is opmerkelijk hoe vrouwen hun mannen veel beter kennen dan de mannen zichzelf.

"Ja, waarschijnlijk wel," gaf ik na een poosje schoorvoetend toe.

"Nou, weet je wat er dus gebeurd is? Je hebt zijn gevoelens gekwetst!"

"Gevoelens gekwetst?" herhaalde ik proestend. "Toe nou! Die vent is toch zeker geen klein kind meer? Dat heeft er niets mee te maken!"

"Het heeft te doen met de volksaard," legde ze op zo'n vervelende lesgevende toon uit. "Mexicanen zijn geen Amsterdammers! Je moet uiterst beleefd tegen ze optreden!" Ze doet dat wel meer, mijn vrouw. Omdat ik uit Amsterdam kom, ben ik een gevoelloze, botte, onverschillige pummel. In Zaltbommel kwam je mijn soort niet tegen.

"Ze zijn direct op d'r teentjes getrapt," vervolgde ze haar sermoen in volkenkunde. "Ze zijn nou eenmaal. . . ."

"Ja, ja, ik begrijp het al," snoerde ik haar de mond, ongeduldig gebarend met mijn machtsvertoonhand. "Wat wil je dat ik doe? Moet ik voor hem in het stof vallen en om vergeving vragen?" Ik lachte hinnikend, op mijn botte, gevoelloze manier.

"Daar komt het toch wel een beetje op neer," zei ze op ernstige toon. "Ik stel voor dat je terug gaat en hem je verontschuldigingen aanbiedt en hem heel vriendelijk vraagt of hij asjeblieft niet binnen in onze auto zou willen sproeien."

"Meen je dat nou?" vroeg ik, met datzelfde onbehagelijke gevoel dat ik nu al zestig jaar krijg als er weer eens iets mis gegaan is.

"Ja," bevestigde ze, "Ik zie niet veel andere mogelijkheid. Jij?"

Ik haatte om het te erkennen, maar ze had natuurlijk gelijk. In mijn schoenzolen begon zich onmiddellijk lood op te zamelen. Het kweekte nog steeds aan toen ik, beschroomd, maar gereed om mijn beste zoete Spaanse broodjes te bakken, terugliep naar de *siësta*-houdende insectenverdelger. De hufter deed net of hij me niet zag aankomen en bleef regelmatig ademhalen, met z'n ogen helemaal dicht.

"Por favor, seňor. Zou ik U alstublieft iets mogen vragen?"

Z'n ogen gingen op een kiertje open.

"Zou het wellicht mogelijk zijn om onze auto niet van binnen te bespuiten? Wij slapen achterin, weet u. Het is eigenlijk onze kleine *casita*, begrijpt U wel? En ook staan daar onze *comidas*. . . ." Ik maakte een gebaar alsof ik iets in mijn mond stopte, maar dat bleek overbodig, want het woord "comidas" kende hij blijkbaar. Zijn ogen gingen nu helemaal open, wat me aanmoedigde verder te gaan, dapper, maar wel met de moed der wanhoop.

"Ook heeft mijn vrouw last met haar *corazon*." Ik tikte op mijn hart, maar ook het woord "corazon" was hem blijkbaar niet vreemd. Hij stak een hand op om me te stoppen, maar ik kon nog net even zeggen, "Als het in uw macht ligt. . . ."

Hij keek me van onder zijn schaduwrijke hoedrand aan alsof hij diep nadacht. Daarna schudde hij tot mijn ontsteltenis ontkennend het hoofd. "No," zei hij ernstig. "Het is wettelijk geregeld. *Es la ley.* Alle vehikels moeten van buiten en van binnen gesaniteerd worden." Hij maakte een kort, afkappend gebaar met z'n rechterhand, niet veel verschillend van mijn eigen finaliteitsgebaar van net. Allen zat er bij hem de kracht van de hele Mexicaanse wet achter, wat maakte dat ik met oren die gloeiden inzag dat ik deze zaak verloren had. Ik liet mijn schouders neerslachtig zakken en liet hem de binnenkant van mijn handen zien, een over de hele wereld bekend staande uiting van nederige onderwerping.

Hij stond meteen op en ik volgde hem, blij dat dit gesprek over was, naar onze wagen, die stond te bakken in de barre woestijnzon. Hij greep zijn spuit, opende de kraan en bespoot de wielen. Ik had inmiddels de deuren al ontsloten. Hij opende er een, op een kier, stak de spuit in de smalle opening, wendde zijn gezicht af en ik hoorde duidelijk, "Pfffft!"

Ik ben er tot op de dag van vandaag nog steeds niet honderd procent zeker van, maar ik had kunnen zweren dat hij dat "pffft"-geluid met zijn mond maakte. Hij sloot de deur meteen weer, gaf me het begeerde briefje en liet ons gaan. Toen we even later weg reden was hij net bezig met een roestige vrachtwagen vol sla, waarschijnlijk bestemd voor de Verenigde Staten. Hij onderbrak zijn giftige werkzaamheid even om met zijn moordspuit aan de rand van zijn *sombrero* te tikken, alsof hij ons salueerde.

Ik vond hem tóch maar een kinderachtige kerel.

Invloed

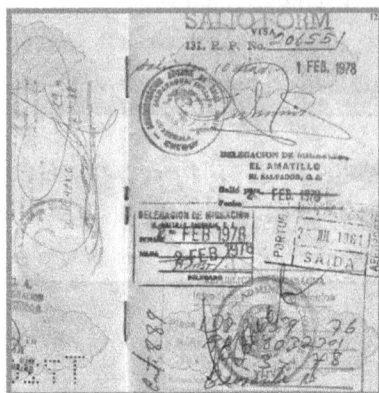

BIJ het overschrijden van grenzen in Europa komen tegenwoordig praktisch geen reispapieren meer te pas. Je gaat van het ene land naar het andere zonder dat iemand ergens naar vraagt, en alleen aan de grens van Zwitserland stoppen ze je even, want daar willen ze dat je in één keer alle tol betaalt als je van hun perfekte snelwegen gebruik wilt maken, en dan vragen ze voor de aardigheid soms ook nog wel eens of je een paspoort bezit. Daar kijken ze dan in, misschien om te zien of ze je foto wel naar hun smaak vinden, maar daar blijft het wel bij.

Als je daarentegen van Californië naar Costa Rica rijdt, over de Pan American Highway, moet je door Mexico, Guatemala, El Salvador, Honduras en Nicaragua, en tussen al die landjes bestaan strenge grensposten, waar je je papieren uitgebreid moet laten bestuderen, waar ze in je wagen willen kijken, die ze bovendien van binnen en van buiten met levensgevaarlijke pesticides willen, en blijkbaar mogen, besproeien.

Omdat we niemand hadden kunnen vinden die deze toer al eens volbracht had, hadden wij ons niet op de hoogte kunnen stellen van de staat van het hotelwezen in deze bananenrepubliekjes, en daarom hadden wij een Toyotavrachtwagentje ingericht met een bed, een kookstelletje, een paar weken drinkwater en blikgroenten, plus een draagbaar WC'tje. Het was een klein, maar geriefelijk reiswagentje, dat weinig benzine verbruikte, wat goed van pas komt als je zo'n 9000 kilometer moet, heen en terug.

Om ons te onderscheiden van andere noordamerikanen, die om verschillende redenen, waarop ik hier niet wil ingaan, in geen van deze landjes erg gewild zijn, voerden we voor de zekerheid vlakbij onze Californische nummerplaat vrijwillig een duidelijk "NL" embleem, dat ten overvloede met flinke, niet te miskennen letters "NEDER-LAND" verkondigde. Ook hadden we de weken vóór ons vertrek benut om permissie te vragen aan de vijf betrokken Consulaten voor het doorkruisen van hun territoriaal. Die was welwillend verleend en bevestigd met kleurrijke, doch serieus-uitziende stempels in onze Hollandse paspoorten.

We reden van land tot land en bij iedere grenspost werden er voor een paar dollar nog wat stempels bijgeplaatst. De douanebeambten en de immigratie officieren keken dan even in ons primitief huisje, glimlachten vriendelijk, en lieten ons aan onze verdere lotgevallen over. Verenigde-Staters echter, die zich met enorme motorhomes aan de grens meldden, kwamen er doorgaans niet zo licht af. Hun voertuigen werden geinspecteerd, gekatalogizeerd, en geanalyseerd, met het oog op invoerrechten.

'U voert een *air conditioner* in? En een magnetroon? En een kleuren-TV? En twee reservebanden? Dat komt op tweehonderd dollar." Als je vijf grenzen over moet, loopt dat aardig in de papieren, en *Norte Americanos* waren over het algemeen niet geamuseerd.

Al die grenskantoortjes zagen er vrijwel eender uit. In één ervan, waar we even moesten wachten (wachten werd nogal eens gedaan) hadden we de gelegenheid de omgeving wat nader op te nemen. Een van de muren van het kleine kamertje was van vloer tot plafond bedekt met doorzakkende kastplanken, die op het eerste gezicht gevuld leken met dikke stofpoesen, die echter bleken te bestaan uit jarenlang door de schoonmaakster genegeerde, door ouderdom vergeelde en verezeloorde papieren, waarvan er hier en daar nog kleine puntjes te zien waren.

Acht en tachtig imponerende stempels, waarschijnlijk nodig om de verscheidenheid van doorreizenden op de voorgeschreven officiële wijze te verwerken, lagen in een wanordelijke hoop op de ruwhouten tafel, waarachter de beambte, overtuigd van de belangrijkheid van zijn werk, op de enige stoel zat. Wachten werd staande gedaan.

Aan de muur, naast de deur van de ingang, waren met punaises een half dozijn officiële aankondigingen geprikt. Een ervan bevatte een kort lijstje van die landen waarvan de paspoorthouders zonder meer toegelaten mochten worden. Nederland stond daar natuurlijk bij.

Overnachten deden we, waar mogelijk, op kampeerterreinen, want zo maar langs de kant van de weg slapen leek ons wel wat griezelig, en de toch al niet te dik-gezaaide hotels bleken doorgaans niet voor zelfs tijdelijke bewoning geschikt. Soms was er geen keus, zoals bijvoorbeeld in Honduras, waar we in wat wel het enige motel in heel het land leek te zijn, inboekten. De kamer, die in een kelder gebouwd bleek, had een enkel raampje, waardoor we de binnenplaats konden zien, plus de benen van de eigenaar van het motel, die met een geweer over de schouder de wacht hield over ons en onze Toyota. We wisten het toen nog niet, maar al die landjes waren haast konstant in een staat van bijna-oorlog.

Steden probeerden we, waar mogelijk, te vermijden, want als je in de buurt van Los Angeles woont heb je een vrij goed idee van huizenmassas. Maar in Nicaragua besloten we eens te breken met deze gewoonte. We vroegen 's morgens aan de eigenaresse van het kampeerterrein hoe we moesten rijden om in Managua, de hoofdstad, te komen.

Ze keek ons onthutst aan:

"Managua? No! No!" riep ze, gestikulerend met hoofd en handen. *"Managua, no! Managua guerra!"* plus nog een snelle vloed goedbedoelde, maar door ons slecht begrepen waarschuwingen. Het was omstreeks deze tijd dat we langzaam aan de ernst van de toestand begonnen in te zien. We namen namelijk kort na deze ernstige vermaning een verkeerde afslag, en raakten, vermoedelijk veroorzaakt door een vaag verkeersbord, zoals er zich zoveel voordoen in deze kontreien, van de hoofdweg af en bevonden ons plotseling in een zijstraat die bezaaid lag met glasscherven, straatklinkers, brokken meubilair en wat al niet meer, waartussen wat burgers, met geweren in de aanslag, burgeroorlog aan het bedrijven waren. De kombattanten keken hoogst verbaasd naar deze twee belachelijke ouwe toeristen, maar hielden net lang genoeg met hun geweld op om ons de kans te geven rechtsomkeert te maken en de hoofdweg terug te vinden. We waren daarna genoeg geïmponeerd om Managua dan maar links te laten liggen en door te stomen naar Costa Rica, het laatste landje op onze lijst.

We waren misschien tien kilometer van de Costa Ricaanse grens toen we overvallen werden door een half dozijn guerrilla's in burger,

die uit de bosjes sprongen en geweren met bajonetten door ons open
raam staken. Ik moest uitstappen en de achterdeur van de Toyota
ontsluiten, wat niet meevalt als je handen trillen omdat er met een
bajonet in je ribbenkast gepord wordt. Een van de guerrilla's sprak wat
Engels en ik moest haarfijn uitleggen wat "NL" betekende. Hij legde
op zijn beurt uit dat ze naar regeringsspionnen zochten en dat het er
niet goed voor ons uit zou zien als ze die in ons voertuig aantroffen.

Nu kun je niet veel spionnen zonder aandacht te wekken meevoe-
ren in een autotje dat afmetingen had als het onze, en de guerrilla's
waren er snel van overtuigd dat we niet deelnamen aan hun twist met
de regering. Ze waren echter enorm wantrouwig over het witte plastic
bankje dat in een hoek van ons kamertje stond en best eens een bom
zou kunnen bevatten. Onder aanmoediging van de bajonet moest ik
het naar buiten dragen en het deksel oplichten. Alle strijders stonden
er ernstig omheen, op alles voorbereid, behalve op de gedeeltelijk
gevulde emmer met de WC bril, die nu geopenbaard werd. Wat verlegen blozend stonden de guerrilla's ons toe onze weg te vervolgen.

Bij de grens bleek de oorlog een andere vorm aangenomen te
hebben. Daar stond een file van twee kilometer auto's, vrachtwagens,
motorhomes en trailers voor gesloten slagbomen geduldig te wachten. Wij gingen daar eerst zoet achter staan, maar toen er na een half
uur nog steeds geen vooruitgang te bekennen was, ging ik lopend
op verkenning uit. Bij de grenspost gekomen leerde ik dat een paar
uur tevoren al de daar werkende douane-beambten, zes man sterk,
door een groep guerrilla's doodgeschoten was. Hun lijken lagen daar
blijkbaar nog, en de officier die mij te woord stond was een nerveuze
vervanger, door een nog nerveuzere regering snel uitgestuurd.

"Hoe lang kan het duren voordat de bomen opengaan?" vroeg ik
met wat kunst- en vliegwerk. Ik had wat Spaans en hij had een paar
woorden Engels. Hij haalde de schouders op en wees naar buiten, waar
twee legerwagens met een stuk of vijftig geuniformeerde soldaten net
gearriveerd waren.

"De Kommandant beslist," zei hij berustend. "Een, twee dagen
misschien?"

Dit moest ik even verwerken, want zulk een tijdsschema strookte heel niet met onze plannen.

"En moeten al die mensen hier gaan staan wachten?" vroeg ik ten overvloede.

Hij haalde de schouders weer op. "De kommandant, hij is de baas."

Terug bij onze auto gaf ik deze onwelkome berichten door aan m'n vrouw, die dat op haar beurt ook even moest verwerken. Maar op haar aandringen schoot me ineens te binnen dat ik wel eens gelezen had dat een brutaal mens de halve wereld heeft. Ik bracht haar daarvan op de hoogte, en we liepen daarop samen terug naar de grenspost, waar ik onze paspoorten tevoorschijn trok, en op ruzie-achtige toon, alsof ik het meende, riep, "Luister, vriend. Wij zijn twee Hollanders met vacantie, op weg naar Costa Rica. Jullie konsulaat in Los Angeles heeft ons visa's gegeven om ongestoord de grens over te gaan. Kijk maar!" Ik onthulde de prachtige stempels. "Wij hebben met jullie oorlog niks te maken. Als wij er niet door mogen dien ik een klacht in bij de Nederlandse Consul. Wat denk je dáárvan?"

Hij keek in de donkerblauwe boekjes en tot mijn grote verbazing knikte hij en beaamde dat dat waarschijnlijk allemaal zo was. Hij zei, "Laat de paspoorten hier en kom over een kwartier terug."

Na een kwartier reed ik onze Toyota langs die twee kilometer wachtende vehikels met jaloers toeziende bestuurders en parkeerde vlak voor het douanehuisje, waar onze douane al klaar stond met onze vers gestempelde paspoorten.

"Dat is dan drie dollar," zei hij, met de hand uit, want zelfs voor een oorlogje kon hij natuurlijk geen uitzondering maken op het regeringsbeleid. Ik plaatste het geld in zijn uitgestoken hand, waarop hij de slagboom opende en wij zijn verstoorde land uit reden. Achter ons ging de boom meteen weer dicht.

In het verlaten niemandsland tussen de twee grensposten reden twee grinnikende, al wat oudere Hollanders, burgers van een klein, koud, vochtig landje, dat een 11,000-kilometer-lange arm bleek te hebben, machtig genoeg om een Nicaraguaanse kommandant te kunnen bewegen zijn oorlog even opzij te zetten.

Slotwoord

Dit boekje lijkt wel te eindigen op een nationalistisch toontje, maar om te voorkomen dat dit voor het verkeerde soort vaderlandsliefde aangezien zou worden moet ik even het volgende uit de doeken doen:

Ik ben trots op mijn nationaliteit. Holland is een van de beter geregeerde landen van de wereld. Ik heb zelfs niets tegen vaderlandsliefde. Maar we moeten wel voor ogen houden dat deze emotie vaak door machthebbers misbruikt wordt als ze een oorlog willen geven. In vroegere tijden bestond een leger uit huurtroepen en de koning moest ze vaak uit eigen zak betalen. Vaderlandsliefde werd hoofdzakelijk gekweekt en gepropageerd om een eind aan deze ongewenste toestand te maken.

Als je over de wereld zwerft ontdek je al gauw dat het gros van de mensheid dezelfde doelen nastreeft: een rustig, vreedzaam bestaan zonder teveel zorgen. Het is niet normaal om de bevolking van een ander land als vijand te zien—propaganda doet die trick. Er is dus iets anders gaande.

Een anecdote komt me voor de geest. Een Rus die al dertig of zo jaar in de VS had gewoond en volkomen ingeburgerd was, met talloze Amerikaaanse vrienden en kennissen, werd op een dag gevraagd hoe hij, als Rus, over zijn vriendenkring dacht. Hij antwoordde: "Wat er aan ontbreekt is dat ik nooit met ze geknikkerd heb"

Ik wil maar zeggen dat je een land kunt liefhebben zelfs al is het niet perfect. Dat is het soort vaderlandsliefde waar ik niets op tegen heb.

www.ingramcontent.com/pod-product-compliance
Lightning Source LLC
Chambersburg PA
CBHW030105070426
42448CB00037B/982